P15　5つのシート・ダウンロード
P218 ⑤ もう一トーク・
117　1日20ポイントシート
163　1日10分 目標書くだけシート

手取り1655円が1850万円
になった
営業マンが明かす

月収1万倍仕事術

大坪勇二 Yuji Otsubo

ダイヤモンド社

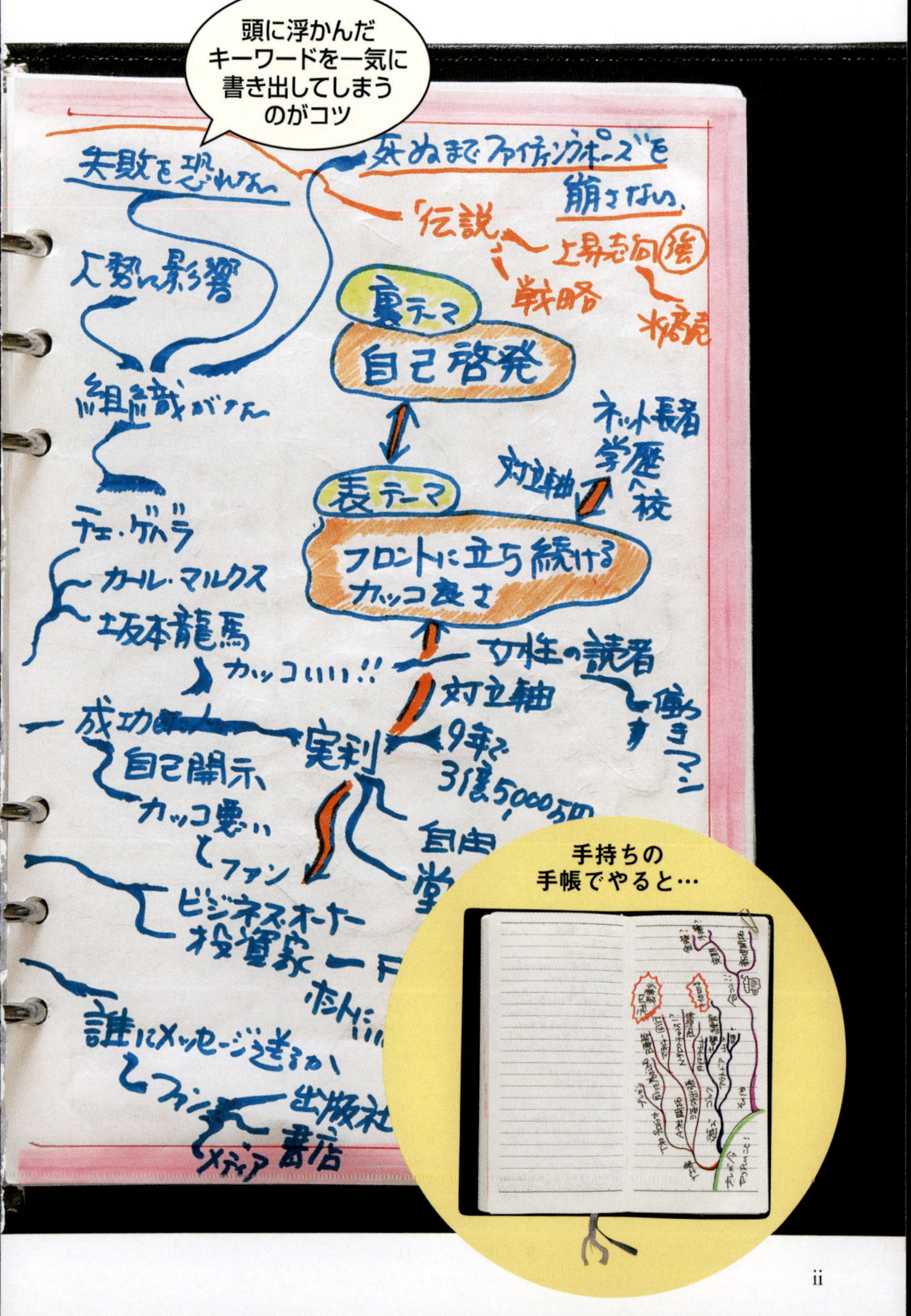
頭に浮かんだ
キーワードを一気に
書き出してしまう
のがコツ
死ぬまでファイティングポーズを崩さない。
「伝説」
上昇志向
戦略
裏テーマ
自己啓発
表テーマ
フロントに立ち続けるカッコ良さ
対立軸
ネット長者
学歴
失敗を恐れない
人に影響
組織がキライ
チェ・ゲバラ
カール・マルクス
坂本龍馬
カッコいい!!
女性の読者
対立軸
成功
実利
9年で3億5000万円
自己開示
カッコ悪い
とファン
ビジネスオーナー
投資家
誰にメッセージ送るか
ファン
出版社
書店
メディア
手持ちの
手帳でやると…

[月収1万倍仕事術]ツール❶ 人生右肩上がりマップ (➡187ページ)

やる気の出ないとき、迷ったときに書き出すマップ。これを気楽に書いていると、心の混乱状態が整理され、不思議とやる気が湧き起こってきます。

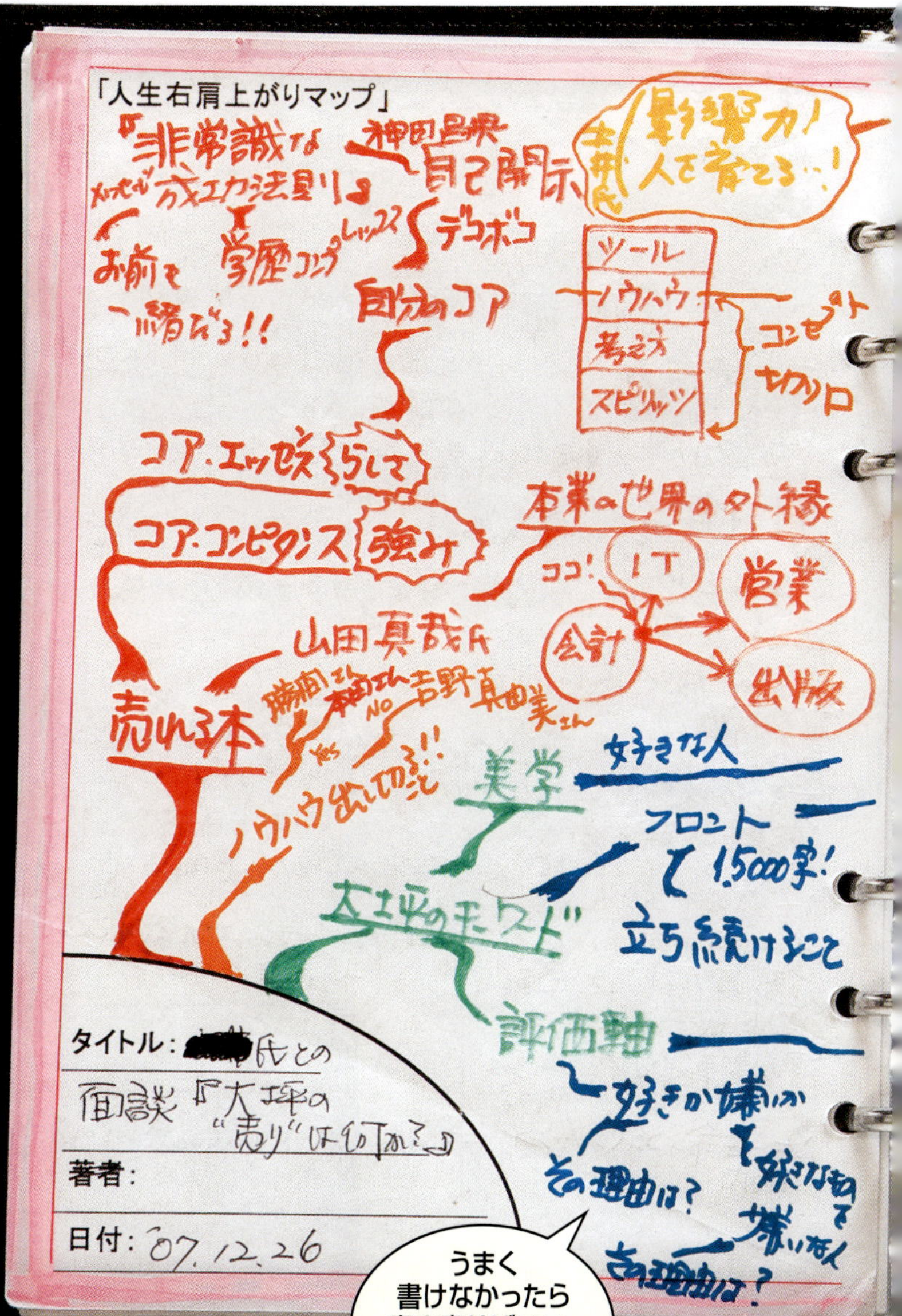

うまく書けなかったら書き直せばいい。気楽に書き進めよう

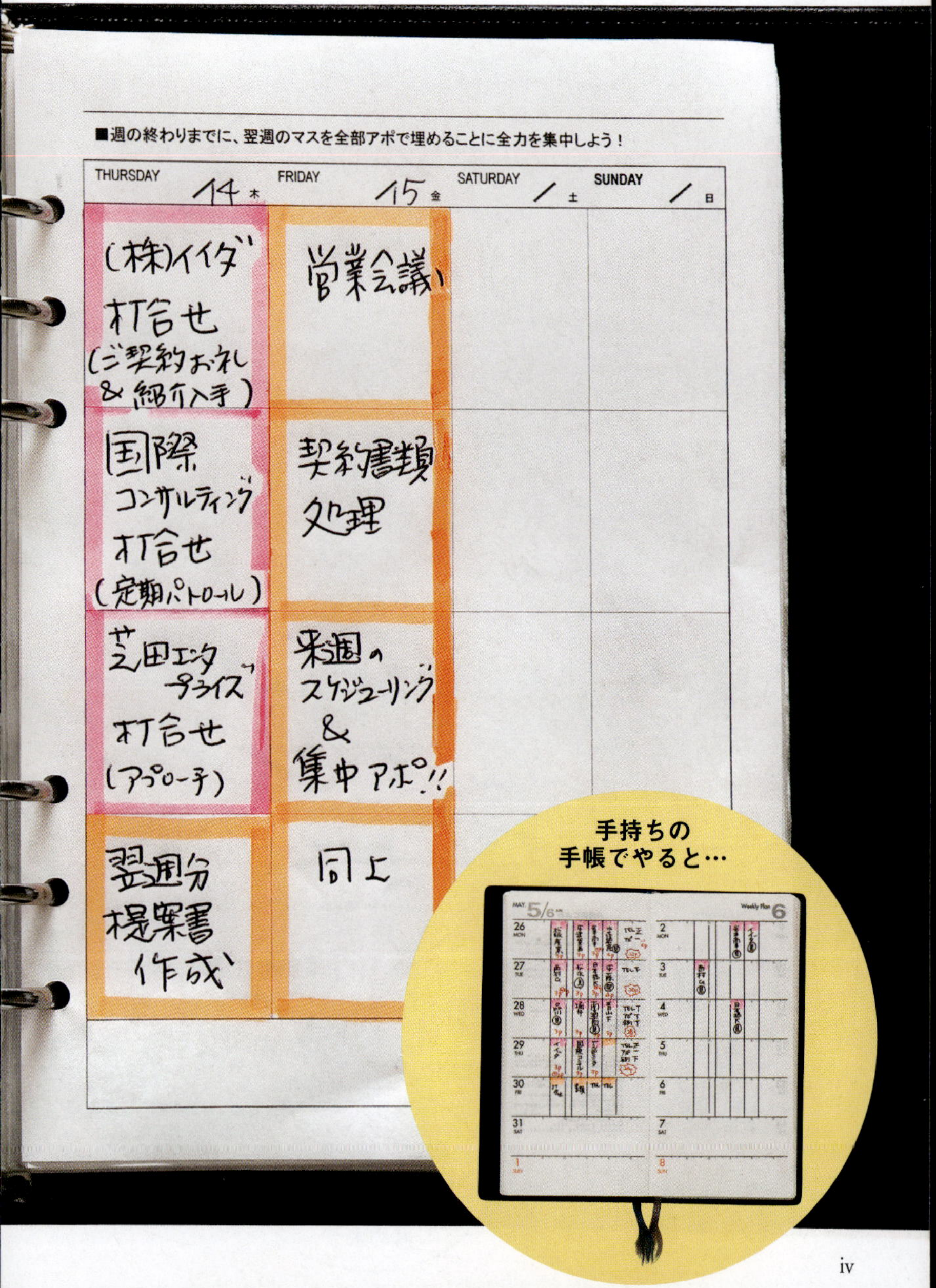
■週の終わりまでに、翌週のマスを全部アポで埋めることに全力を集中しよう！
THURSDAY 14 木
FRIDAY 15 金
SATURDAY / 土
SUNDAY / 日
(株)イイダ 打合せ (ご契約お礼 & 紹介入手)
営業会議
国際コンサルティング 打合せ (定期パトロール)
契約書類 処理
芝田エンタープライズ 打合せ (アプローチ)
来週のスケジューリング & 集中アポ!!
翌週分 提案書 作成
同上

手持ちの
手帳でやると…

［月収1万倍仕事術］ツール❷ 16分割週間スケジュール帳（➡69ページ）

あなたを引っ張るメインエンジンの1つ。最後までこれを回し続けることができたら、あなたの業績は過去最高を更新するでしょう。

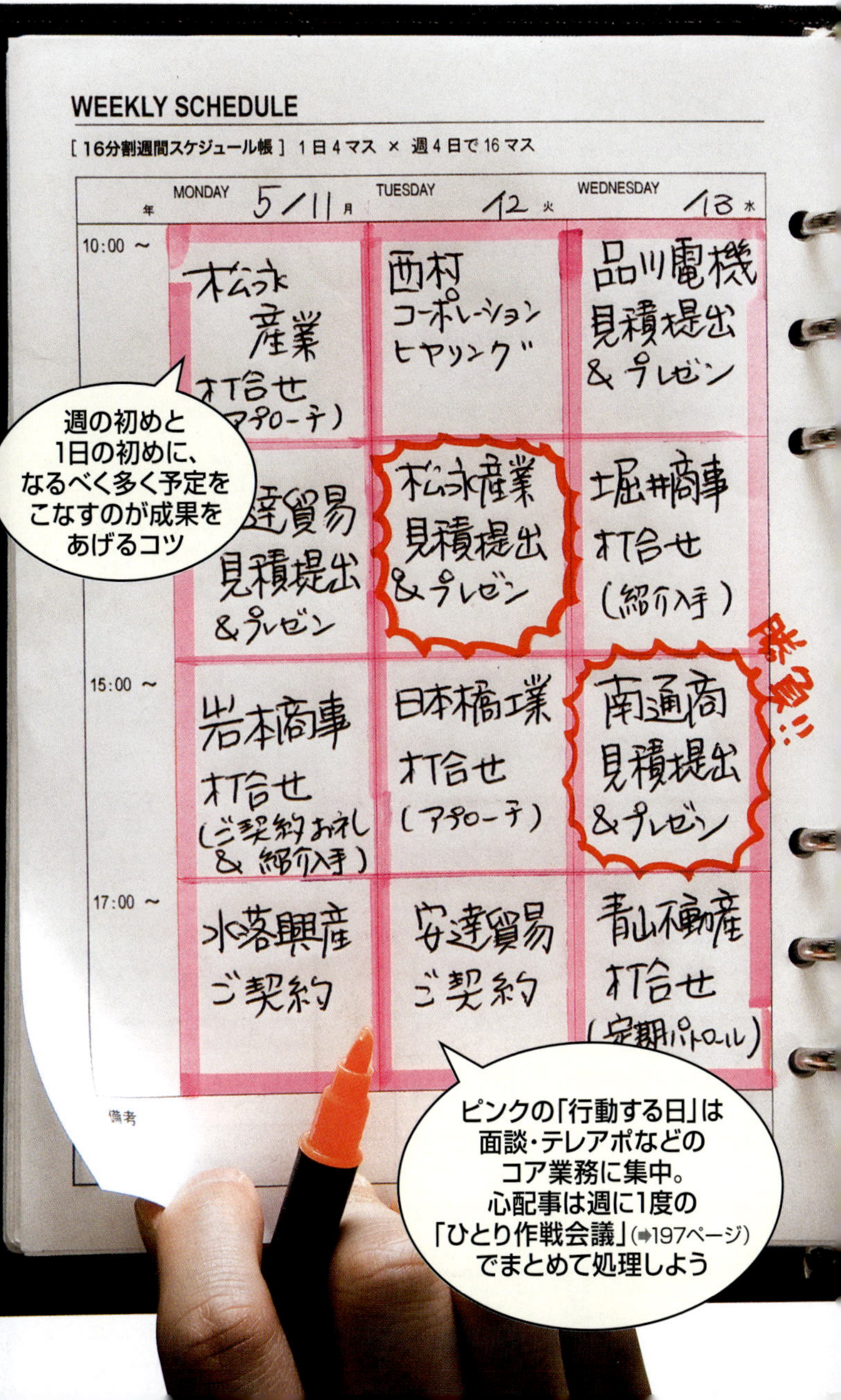

［月収1万倍仕事術］ツール❸ 1日20ポイント獲得シート（➡111ページ）

メインエンジンのもう一方のツール。このポイントをコツコツ稼ぐことで、普通ではありえない幸運を引き寄せることができます。

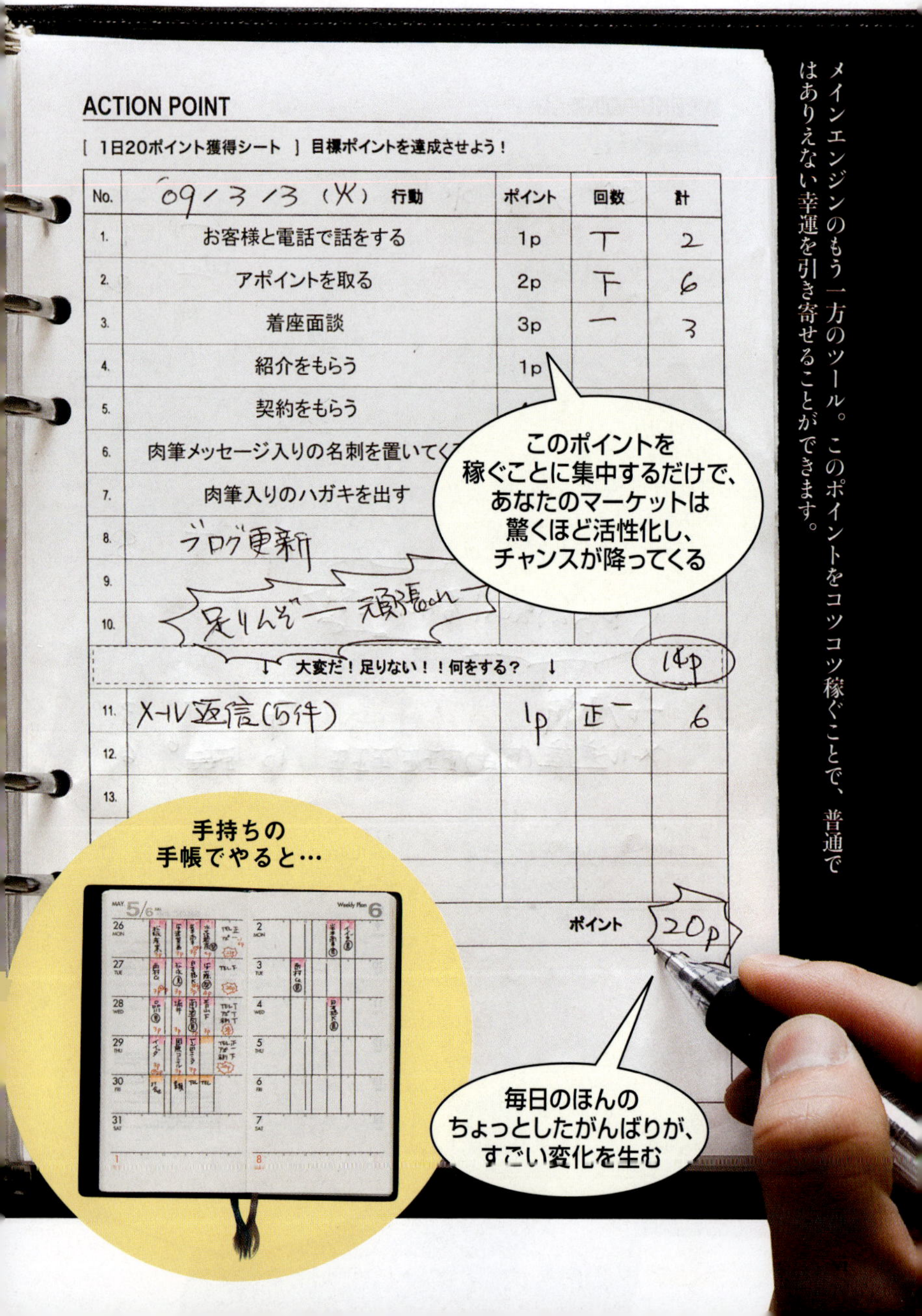

ACTION POINT

［ 1日20ポイント獲得シート ］ 目標ポイントを達成させよう！

No.	09/3/13（火） 行動	ポイント	回数	計
1.	お客様と電話で話をする	1p	T	2
2.	アポイントを取る	2p	下	6
3.	着座面談	3p	一	3
4.	紹介をもらう	1p		
5.	契約をもらう			
6.	肉筆メッセージ入りの名刺を置いてく…			
7.	肉筆入りのハガキを出す			
8.	ブログ更新			
9.				
10.	足りんぞー 頑張れ			
	↓ 大変だ！足りない！！何をする？ ↓			14p
11.	メール返信(5件)	1p	正一	6
12.				
13.				
		ポイント		20p

このポイントを
稼ぐことに集中するだけで、
あなたのマーケットは
驚くほど活性化し、
チャンスが降ってくる
手持ちの
手帳でやると…
毎日のほんの
ちょっとしたがんばりが、
すごい変化を生む

 （➡209ページ）

ここ1番の勝負時に、あなたの言葉のパワーを何倍にも高めてくれるツールです。

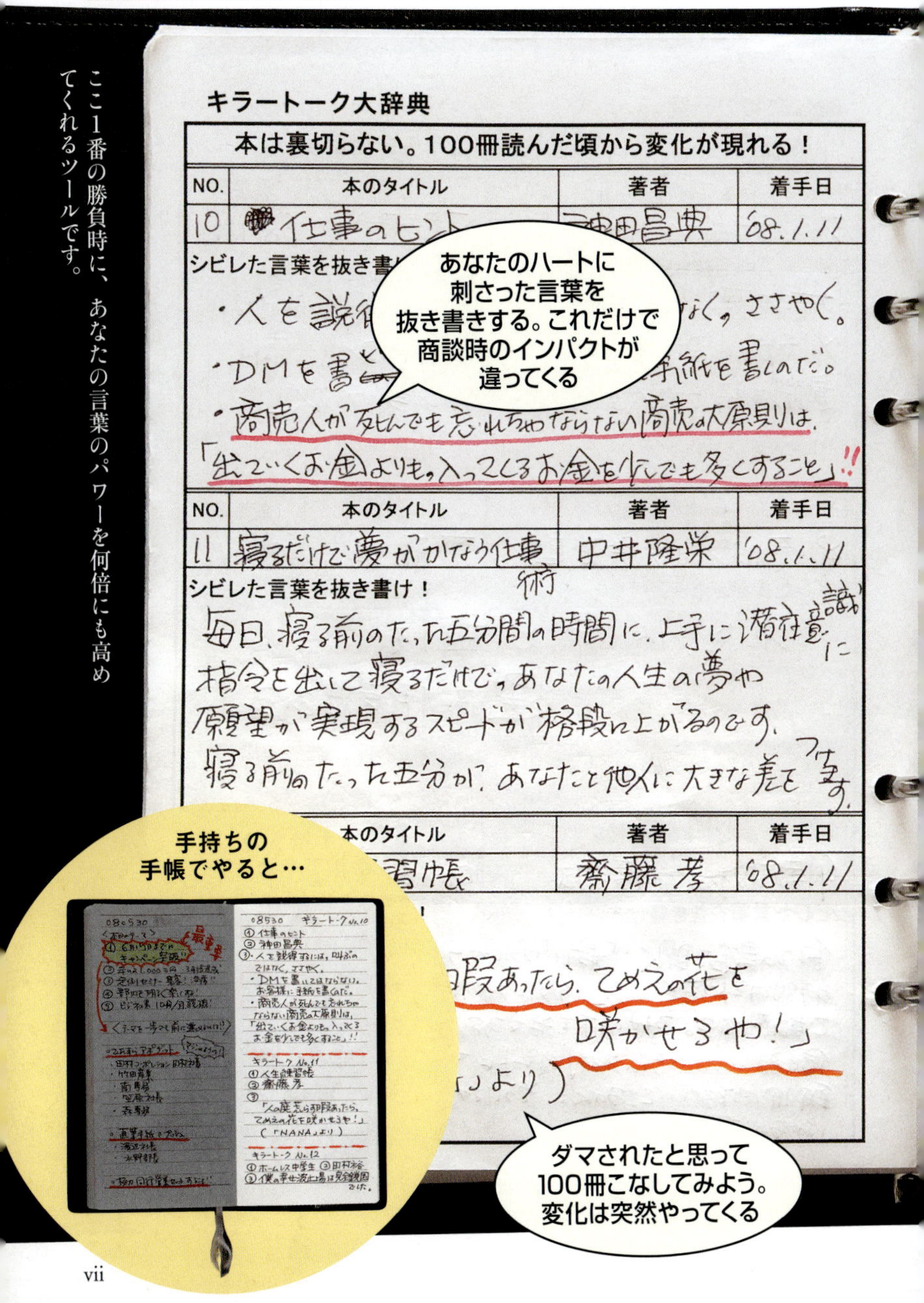
キラートーク大辞典
本は裏切らない。100冊読んだ頃から変化が現れる！
NO. 本のタイトル 著者 着手日
10 仕事のヒント 神田昌典 '08.1.11
シビレた言葉を抜き書け！
・人を説得[…]なく、ささやく。
・DMを書[…]手紙を書くのだ。
・商売人が死んでも忘れちゃならない商売の大原則は、
「出ていくお金よりも、入ってくるお金を少しでも多くすること」!!
NO. 本のタイトル 著者 着手日
11 寝るだけで夢がかなう仕事術 中井隆栄 '08.1.11
シビレた言葉を抜き書け！
毎日、寝る前のたった五分間の時間に、上手に潜在意識に指令を出して寝るだけで、あなたの人生の夢や願望が実現するスピードが格段に上がるのです。
寝る前のたった五分が、あなたと他人に大きな差をつけます。
本のタイトル 著者 着手日
[…]習帳 齋藤孝 '08.1.11
[…]暇あったら、てめえの花を咲かせるや！」
[…]より）
あなたのハートに刺さった言葉を抜き書きする。これだけで商談時のインパクトが違ってくる
ダマされたと思って100冊こなしてみよう。変化は突然やってくる
手持ちの手帳でやると…

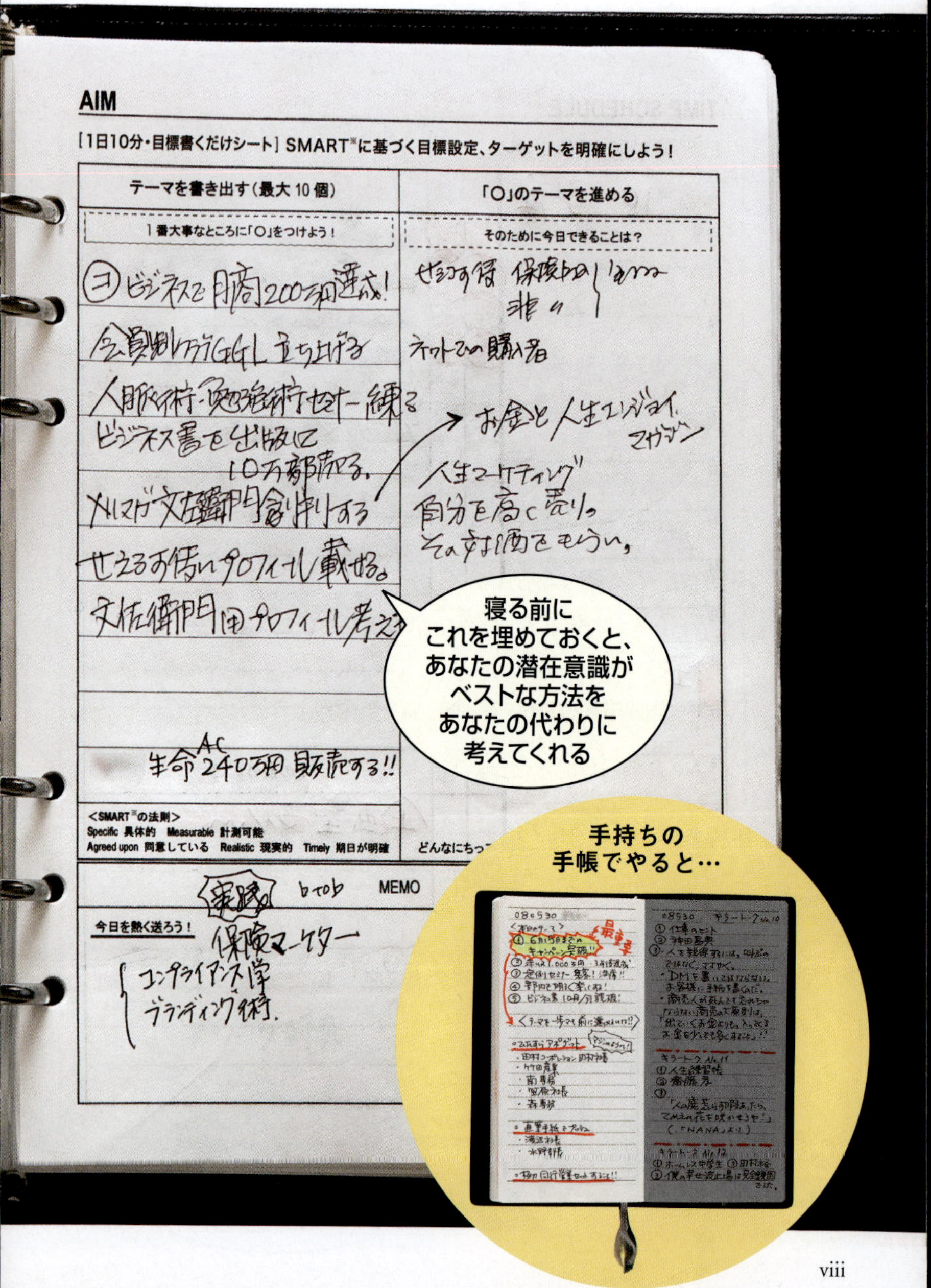
AIM
[1日10分・目標書くだけシート] SMART※に基づく目標設定、ターゲットを明確にしよう！
テーマを書き出す（最大10個）
「○」のテーマを進める
1番大事なところに「○」をつけよう！
そのために今日できることは？
＜SMART※の法則＞
Specific 具体的 Measurable 計測可能
Agreed upon 同意している Realistic 現実的 Timely 期日が明確
MEMO
今日を熱く送ろう！
寝る前に
これを埋めておくと、
あなたの潜在意識が
ベストな方法を
あなたの代わりに
考えてくれる
手持ちの
手帳でやると…

[月収1万倍仕事術]ツール❺ 1日10分・目標書くだけシート（➡159ページ）

あなたのモチベーションを引き出し、目標までの距離を大幅に縮めてくれます。

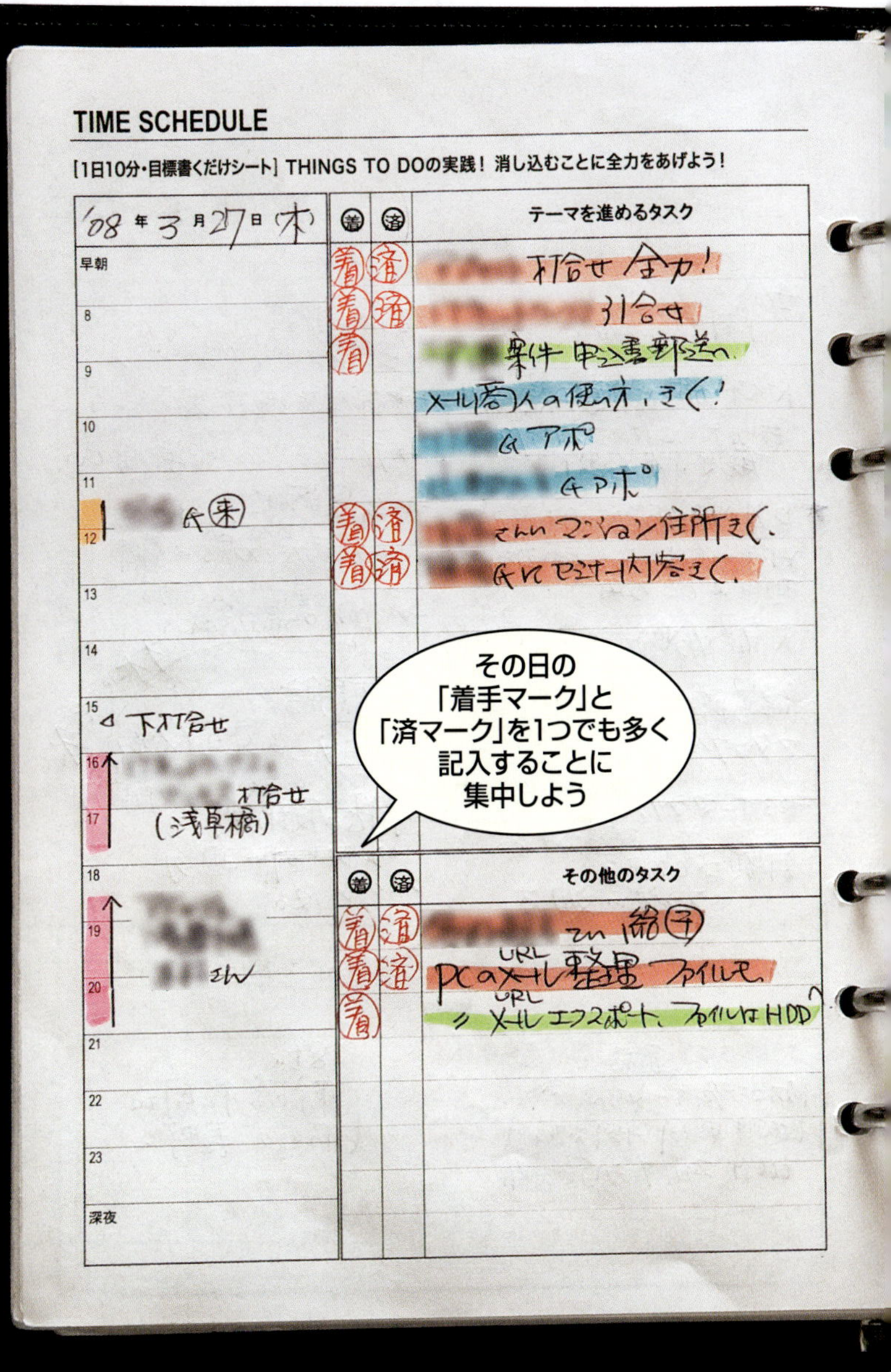

手取り月収1655円時の給料明細書

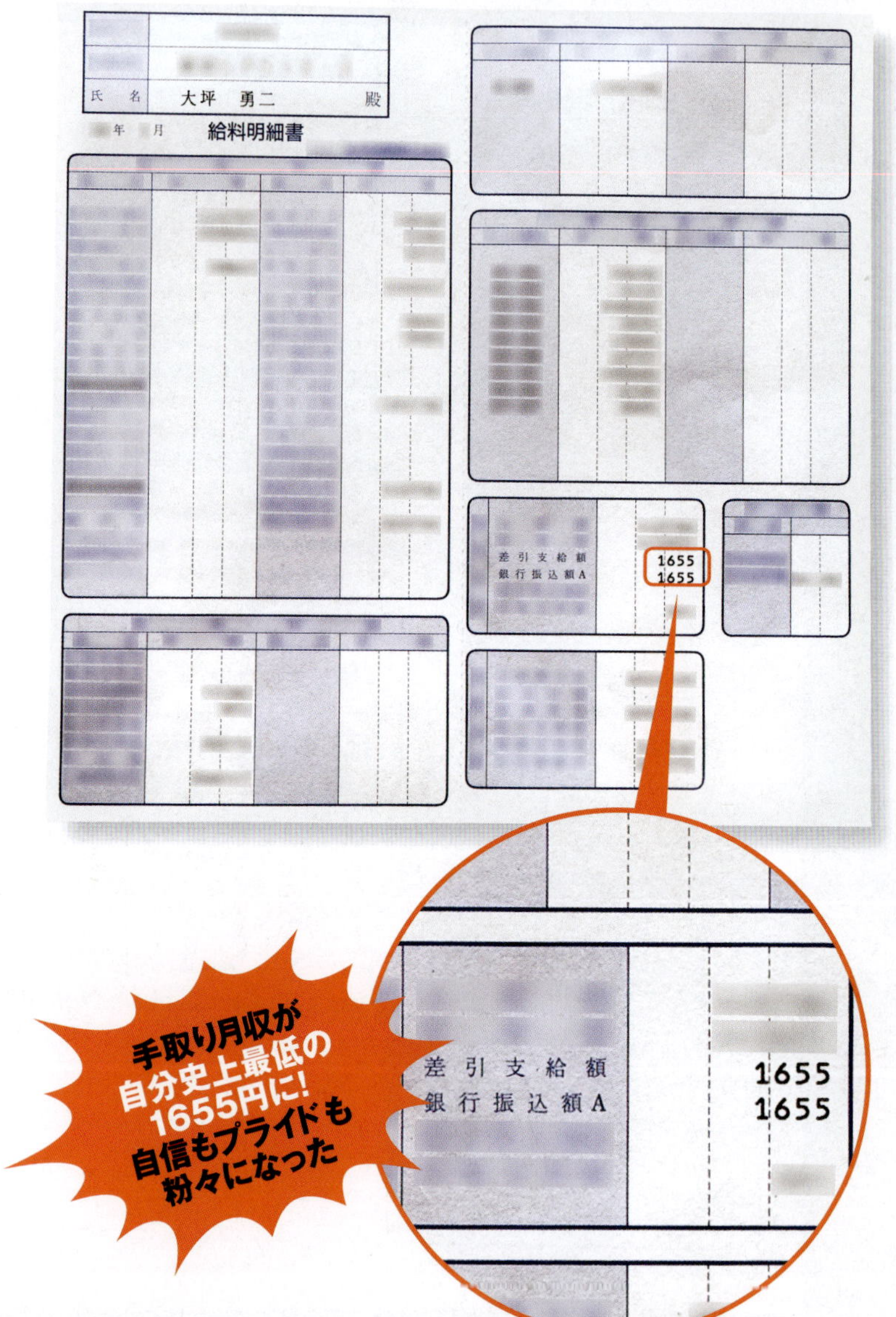
氏名 大坪 勇二 殿
年 月 給料明細書
差引支給額 1655
銀行振込額A 1655
手取り月収が
自分史上最低の
1655円に!
自信もプライドも
粉々になった

はじめに

私を大きく変えた「手取り1760円事件」

ある月末の給料日、私は銀行に行きました。

ATMで口座残高を見た私は目を疑いました。

「あれ、おかしいな……」

給料日には、ある程度まとまった金額が口座に振り込まれるはずです。

「ひょっとして給料が入っていないんじゃないか？」

私はすぐ営業所長に電話しました。もしかすると会社の手違いということもあります。

しかし、電話に出た所長は、「給料は入金されているはず」と教えてくれました。

悪い予感がした私は、慌てて銀行で通帳記入しました。

黒く印字された取引記録を見て、すべてを理解しました。


確かに、所長の言うとおり給料は入金されていました。30代の男性にしてはやや少ないかなという金額ではありますが、きちんと入っていました。

ところが、入金と同時に様々な本人負担分の経費が引き落とされ、差額がほとんど残っていないのです。


入金分から経費を差し引いた残りは、1760円でした。

新日鉄の事務職からソニー生命の営業に転身して3年目、完全歩合制で生命保険を売っていた私の成績は悲しいくらいにひどいものでした。

転職当初にラッキーな法人契約が入ったものの、実力のなさでその後の成績は下降する一方。ついには単月で売れた保険はたったの1件で、それも月の掛け金が3000円の医療保険でした。そんな状態が2か月続き、手取りは1760円になってしまったのです。

34歳の男が1か月間、朝から晩まで汗水たらして働いたのに、時給600円のアルバイト3時間分と変わらない金額！　学生や主婦のパートの1日分の稼ぎよりも月給が低い！　ひと言で言えば、社会人としてありえない額です。

これから生まれてくる子どもを含めて1家3人でどうやって生きていけというのでしょう。

予想もつかないことが起こった場合、人は言葉を失うのだということをリアルに学びました。

自分が受けたショックを人から悟られないように平静を装いつつ、私は銀行のソファーからいつまでも立ち上がれずにいました。

手取り額が3000円を切ってしまったことはこの後にも何度かありました。**最も厳しいときは、月の入金額がわずか1655円**にまで落ち込んでしまったことすらあります。

でも、精神的なショックの大きさは、最初の**「手取り1760円事件」**のときとは比べものになりません。

この事件で、私は自分の営業マンとしての無能さを認めざるを得ませんでした。

しかし、ここを境に私は行動を開始しました。

そのとき、すでに妻のお腹には子どもがいました。マンションのローンも抱えていました。

このまま負けっぱなしでいるわけにはいきません。

何としても這い上がろうと心に誓いました。

脳みそを絞って、考えられるだけの方策を立て、翌日からすべてを実行に移しました。

それだけではなく、積極的に業界の成功者に会いに行き、その秘訣を教えてもらうことにしました。

いまでもときどき思うことがあります。

あのとき、この経験がなかったら、私の人生は転落の一途だったはずです。当事者意識の欠けた待ちの姿勢のまま、行動を起こすこともなく、ラッキーが起きることを夢見ていたでしょう。

たとえば、有力者に気に入られて大きな契約をもらえるのではないか、何か特別なノウハウを誰かから伝授されるのではないか、自分には隠れた才能があって何かのきっかけでそれが覚醒するのではないか……。そんな幸運が降ってくるのを期待しながら、結局はズルズルと堕ちてしまったでしょう。

さて、その後どうなったか、です。

「手取り1760円事件」のわずか6か月後、私の手取り月収は1000万円を超えました。

その年は、法人企業・巨大労組などを顧客にして**年収4500万円**に到達しました。

そして最終的には、**手取り月収1655円から1850万円と、月収の手取り額が1万倍になった**のです。

保険営業マンとして稼ぎ出した約8年間の総収入は、3億6700万円を超えました。マンションのローンは3年で完済。その後、**30代のうちに田園調布に1戸建て**を建てることができました。

なぜ、ダメ営業マンだった私が、奇跡的な成功を収めることができたのでしょうか。

その秘密が本書で紹介する**「月収1万倍仕事術」**です。

この仕事術は、誰でも無理なく大量行動できる仕組みです。あなたの行動を妨げる余計な不安を消し去り、やる気が自然にあがる秘密の仕組みです。

人生の成功のカギは大量行動にあります。私の手取り月収が1655円から1850万円と、1万倍になった秘密は大量行動にありました。

しかし、1つの行動を起こすのもなかなか大変なのに、大量行動するなんて不可能だと思いませんか。ましてやそれを継続するなんて「ありえない話」です。

そう、そのとおりです。まったく同感です。

実は世の中には、生まれながらやる気に満ちあふれ、がんばるエンジンを搭載したごく少数の「すごい人」と、そうではない大勢の普通の人がいるのです。がんばるエンジンを積んだ人の行動力には驚かされるばかりです。

私にも以前こんな経験があります。

すごい業績をあげている営業マンにお願いして同行営業をさせてもらったことがあります。一緒に丸ノ内線の新宿三丁目の駅に降り立ちました。

そこから新宿駅までの通りに面した全部のビルに、彼は毎週飛込み営業をするのです。夏の暑い最中でした。

私も汗かきですが、彼もそれに輪をかけた汗かきでした。何棟目かのビルの飛込みを終えて路上に出たとき、彼のハンカチは汗でぐっしょりと濡れていました。彼がそのハンカチを絞ると汗がボタボタとアスファルトに流れ落ちました。

ヒエー！

それを見たとき、**「私にはとてもこの人のマネはできない」**と痛感しました。

確かにものすごい労力を投入すれば、どんな仕事でも成功できるでしょう。

でも、普通の人であれば、これ以上はとてもできない、と躊躇するラインがあります。はっきり言ってしまえば、そのラインを引き上げればそれだけ成功に近づきます。

この原稿を書くにあたって、トップセールスの行動習慣を研究し、5人のトップセールスの友人たちにお話しを聞きました。いずれも年収5000万円以上の超ハードワーカーです。そのとき、ほとんど休みも取らずに仕事に打ち込む理由について質問しました。

その答えに私は驚きました。

5人が5人とも答えたのは、**「不安だから」**という理由です。

私は口をあんぐり開けました。

それだけの成績を何年もあげ続けていて、何が不安だというのでしょう。すでにサラリーマンの生涯賃金に匹敵する額を稼いでいるというのに！

「あっ！　そうか」

そのとき私は、彼らと自分との違いをはっきり悟りました。

これが高い業績をあげ続けている人の普通のメンタリティーなのだ、と。

要するに彼らは、そもそもわれわれ凡人とは違うのです。

課題を与えられたら最後、ロックオンされたミサイルのようにそれを追いかけ続けないと気がすまない。そして、そうでない状態が不安でしょうがない天性のハンターなのです。

だから営業マンの世界は、高い成績をあげ続けている一部の人と、そこに到達できない大部分、という2極構造になるのです。高業績をあげる人たちは多少の入れ替わりはありますが、毎年顔ぶれはほとんど同じです。あなたの会社でもそうではありませんか？

私も含めた普通の人は彼らのようには考えません。

月の最初に売上があがればすぐに安心してしまい、来月苦労することは予測できるのに月の半ばからは手を抜いてしまいます。

難しそうな見込み客は避けてとおり、断られるのが怖くてクロージングを先延ばしにし、お客様の紹介のお願いすらスムーズにできません。

そんな人が大半です。

それでは世の中にあふれる普通の営業マンは、高い成績をあげ続けることをあきらめなければならないのか？

そんなことはありません。

世の中の営業本のほとんどは、すでに「モチベーションの高い人」を想定しています。

私は幸い「手取り1760円事件」のおかげで行動するきっかけを得ることができました。

しかし、大きな収入を得た後がホントに大変でした。

「これでいいじゃないか」とささやく悪魔の声と戦いながら、自分のような普通のメンタリティーを持つ人間がそれでも高い業績をあげるためにどうしたらいいのかということを模索していったのです。

その中で、普通の人間でもより少ない時間と労力で成果をあげ続けるノウハウを1つひとつ身につけていきました。そして、「月収1万倍仕事術」が完成しました。

本書で紹介する**「月収1万倍仕事術」**は、**「5つの成功ツール」**からなります。
「5つの成功ツール」……①16分割週間スケジュール帳、②1日20ポイント獲得シート、③1日10分・目標書くだけシート、④人生右肩上がりマップ、⑤キラートーク大辞典、を武器に、仕事の生産性・効率性をアップし、手取り収入を劇的にアップします。

私は突出した能力があるわけでも、特別恵まれた環境にいたわけでもありません。

それどころか自意識過剰で、人からどう見られているかばかりが気になって行動を起こせず、自分の仕事に自信が持てないために成果を出せない典型的なダメ営業マンでした。

そんな私が「月収1万倍仕事術」の「5つの成功ツール」のおかげで人生を劇的に変えることができました。

「月収1万倍仕事術」を実践すれば、誰でも業績をアップすることができます。

05年、私は仲間と独立し、保険代理店全国ネット創設に参画し、東京の責任者として組織をゼロから立ち上げました。

事務職から歩合制営業マンの世界に飛び込んだときと同様、営業組織のマネージャー経験はゼロでした。

でも、このときも「月収1万倍仕事術」の「5つの成功ツール」をもとに、**1年で全国トップクラスの営業集団が完成し、保険代理店3000社中全国4位**の成績を収めることができました。会社は現在、社員125人で販売手数料収入（一般企業の「粗利益」に相当）**15億円**を稼いでいます。

さらにセミナーを実施し、多くの人にノウハウを伝えたところ、何千人もの人が業績をアップさせ、**年収5000万円クラスの人が続出**しています。

これから「月収1万倍仕事術」の「5つの成功ツール」を紹介していきます。

興味あるページに直行していただいても結構です。

序章では、手取り月収１６５５円から１８５０万円になるまでの私の経験談をお話しします。

どん底状態から奇跡的な成功を収めた秘密は、大量行動にありました。その経験をもとに、大量行動が自然とできるようになる「５つの成功ツール」を作りました。

第１章では、**消極的な自分が積極的な自分に変わる！「16分割週間スケジュール帳」**（↓69ページ）を紹介します。自分で決めた時間に仕事を集中的に行えるので、残業ばかりの毎日に別れを告げ、「週末をゆっくり休んだほうが成果があがるよ」と断言できる人に変わるでしょう。

このツールを使うと、消極的だった自分が自然と積極的になります。行動に焦点を当てて管理することで、確実かつ安定した業績をあげることができる週間スケジュール帳です。

第２章では、**普通ではありえない幸運を引き寄せる！「1日20ポイント獲得シート」**（↓111ページ）を紹介します。

ここでは、「お客様と面談したら３ポイント」「お客様と電話で話したら１ポイント」「アポが取れたら２ポイント」などと行動をポイント化し、ゲーム感覚で１日の行動量を確保する仕組みを紹介します。
「16分割週間スケジュール帳」と**「1日20ポイント獲得シート」**を併用することで、成績が高いレベルで安定し、お客様が途切れないという理想のスタイルを確立します。これによって一時的な成績優秀者ではなく、ずっと社内ナンバーワンでいられるようになるでしょう。

第3章では、**ペンを動かすだけで夢が叶う！「1日10分・目標書くだけシート」**（↓159ページ）を紹介します。

これは「人生の目標を達成するために、日々どのような活動をするべきか」という視点で設計されています。人生の目標と毎日の活動がピッタリとリンクし、毎日活動することで少しずつ目標に近づいていきます。

第4章では、**心が弱ったときでもモチベーションが継続する！「人生右肩上がりマップ」**（↓187ページ）を紹介します。

不安や悩みを抱えたまま仕事を続けている人たちがたくさんいます。不安や悩みは行動力を確実に低下させます。そこで「なぜ、苦しいのか？」「なぜ、業績があがらないのか？」「なぜ、ノルマが達成できないのか？」という問題を解決し、心の燃料を満タンにしてより積極的な行動を引き出します。

これまでモチベーションがあがらず、日曜の夜になると憂うつな気分になっていた人も、これからは「サザエさん」のテーマソングを耳にすると、「早く明日にならないかな」と出勤するのが待ち遠しくなるでしょう。

第5章では、**ここぞ！　というときにスラスラ出てくる！「キラートーク大辞典」**（→209ページ）について紹介します。

本やセミナーなどで学んだことを、どのように現場で活かし、業績に繋げていくために、あなたオリジナルの「キラートーク大辞典」を作るシートについて触れます。

営業という仕事に携わっているとよく耳にするセリフがあります。

「営業はセンスだ」とか「結局は人間力だ」という類です。「先天的なもの」というニュアンスのあるこれらのセリフに、私は強烈な反発を感じます。

それらを持ち合わせず、苦労してきたがゆえの嫉妬だと解釈されても結構です（多分それは正解です！）。

確かに、それらを無視することはできません。

しかし、多くのチャンスを作り出すという段階では「センス」や「人間力」という実体のよくわからない能力よりも、お客様と何回顔を合わせたか、何回電話で話したか、というような**身も蓋もないほどの具体的な行動**のほうがはるかに多くの意味があります。

そしてそれは、本書で紹介する方法でさほど難しくなく実現できるのです。

「センスがないから」なんて萎縮している場合ではないのです！

ところが、それがわからずに結果を出せずに苦しんでいる人、その結果消えていく人を私は大勢この目で見てきました。とても残念です。

この悔しさこそ、本書を書くに至った動機です。

私は、34歳時の手取り月収１７６０円から這い上がるために、この「５つの成功ツール」を作り出し、仕組みに従って自然に行動することで、たった半年で手取り月収１０００万円になりました。「５つの成功ツール」はどれも簡単に使え、手間も時間もかかりません。「５つの成功ツール」のフォーマットシートは、私のホームページ（http://www.s-samurai.com/）から無料でダウンロードできます。

「5つの成功ツール」を活用するときは、手帳の形に縛られる必要はありません。私はオリジナルの手帳を作って行動管理をしていますが、本文中で紹介しているように、手持ちの手帳やノートさえあれば、「月収1万倍仕事術」を実践することができます。

ぜひ「5つの成功ツール」の考え方を1つでも本書から学び、日々の行動に落とし込んでいってください。凡人代表の私ができたのですから、あなたもきっとできます！

「月収1万倍仕事術」の「5つの成功ツール」をあなたのビジネスに取り入れ、今度はあなたが成功者になってください。

そして、仕事のすばらしさ、ホロ苦さと、だからこそ味わえる充実感・達成感を今度こそ実感してください。

私は勇気を持って前に進もうとするみなさんを心から応援します。

2009年5月

大坪　勇二

手取り1655円が
1850万円になった営業マンが明かす
月収1万倍仕事術

目次

はじめに　私を大きく変えた「手取り1760円事件」

序章

手取り月収「1655」円を「1850万」円にした秘密

第1章

月収1万倍仕事術❶

消極的な自分が積極的な自分に変わる！「16分割週間スケジュール帳」

第2章

月収1万倍仕事術❷

普通ではありえない幸運を引き寄せる！「1日20ポイント獲得シート」

第3章

月収1万倍仕事術③

ペンを動かすだけで夢が叶う！「1日10分・目標書くだけシート」

第4章

月収1万倍仕事術④

心が弱ったときでもモチベーションが継続する！「人生右肩上がりマップ」

第5章

おわりに

序章

手取り月収「1655」円を「1850万」円にした秘密

新日鉄の経理マン、カルチャーショックを受ける

88年、大学を卒業して新日本製鐵株式会社（以下、新日鉄）に入社しました。

元々独立志向が強く、自分で商売をしたいと思っていましたが、あえて保守的な大企業を選びました。若いうちに組織というものを勉強しておこうと思ったからです。

新日鉄では、経理マンとしておもに原価計算をしていました。短期的に人事や総務の仕事をしたこともありますが、いずれにしても事務畑の仕事ばかりでした。

95年、新日鉄と伊藤忠商事の合弁会社に出向して管理全般を見ることになりました。

そこで私は営業マンの活躍ぶりにカルチャーショックを受けました。

新日鉄では、事務系スタッフが会社を動かしているという認識がありましたので、経理マンだった私は、いままでと同じように社内で重用されるものとばかり思っていました。

ところが、商社で会社を動かしているのは営業でした。営業マンの動きやすい制度が導入され、部署間で意見の相違があれば営業の声が優先されるなど、新日鉄とは明らかに風

土が違いました。

しかし、会社の利益を生み出すのは紛れもなく営業です。バリバリと営業する伊藤忠商事のメンバーと仕事をするうちに「私も営業をやってみたい」という思いが日ごとに強くなりました。

そうは言っても、営業経験ゼロの私が願い出ても異動させてはもらえません。

人生を変えた「運命のビデオ」との出合い

「どうしたら営業ができるだろうか？」

私は毎日考えるようになりました。

そんなとき、運命のビデオに出合いました。

元々私は映画好きで、年間100本くらい見ます。仕事が忙しくて映画館に足を運べなくても、3日に1度はレンタルビデオショップに通っていました。

そこでソニー生命のリクルート用ビデオを見つけました。「日経ビジネス」の特集で同社の記事を読んで興味を持っていたこと、加えて無料だったことから、軽い気持ちでビデオを借りました。

そこでは1人のライフプランナー（ソニー生命の営業マン）を、TBS系「情熱大陸」風に密着し、仕事ぶりを紹介していました。

親身になってお客様と面談し、契約をいただくまでの過程が描かれ、各ライフプランナーが仕事のやりがいや思い入れを語っていました。そして最後にソニー創業者の盛田昭夫さんが登場し、「ライフプランナーは日本を変える！」と力強くコメントしました。


その夜は、ライフプランナーという仕事のことが頭から離れませんでした。

生命保険業界はどの会社もそうですが、営業職員は個人事業主であってサラリーマンではありません。安定していないという言い方もできますが、その一方で自分のキャッシュフローの範囲内で誰の許可を得ることなく自分のアイデアをすぐ実行に移すことができますし、その結果はよくも悪くも月単位で自分に跳ね返ってきます。

元々自分で商売をやりたいと思っていたくらいですから、フルコミッション（完全歩合制）の保険営業は自分の志向に100％マッチしていました。

「よし、決めたぞ！」

翌朝9時、私はビデオで紹介されていた問合せ先に電話をかけ、指定された日時に面接に出かけました。当時、勤務していた伊藤忠商事のビルは東京・青山にありましたが、ソニー生命はその近くにありました。私は青山通りをいつもより少しだけ余分に歩き、ソニー生命のビルへ向かったのです。

「ないない尽くし」の新人営業マンの船出

念願叶ってソニー生命に入社しましたが、経理畑を歩んできた私は、営業の「え」の字も、保険業界の「ほ」の字も知りませんでした。

営業スキルはもちろんない、資格もない、経験もない、知識もない。そんな**「ないない尽くし」の新人営業マン**でした。

一般的に保険営業を採用する場合、「営業経験○年以上」という条件があります。私が採用されたときも、「営業経験1年半以上」という条件がありました。

私は営業経験ゼロで条件をクリアしていませんでしたが、必死にお願いして特別に入れてもらいました。

内心私は「未経験でもがんばれば何とかなるだろう。少しずつ勉強し、経験を積んでいけばいい」と楽観視していました。

しかし、すぐに自分の甘さに気づきました。

転職した営業マンの最初のアクションは、前職時代のお客様への挨拶です。

「このたびソニー生命に転職いたしました。もし保険でお困りのことがあれば、何でもご相談ください」

と連絡することから始まります。

そうしてお客様とコミュニケーションしているうちに、「いまの保険でこんな問題があるんだけど……」などの話が聞こえてきます。つまり、以前の手持ちのお客様リストから見込み客を見つけることから始まります。

営業経験ゼロの私は、お客様リストを持っていないので、その第一歩が踏み出せません。しばらくは悩むばかりで、何の行動も起こせないまま毎日がすぎていきました。

「責任ゼロ・プライドゼロで腰の引けたプレゼン——だから売れない」

私は悩んだすえに知人にはがきを出し、「私の練習台になってください」とお願いしました。知人とは前の会社の人たちでした。

はがきを出した相手に電話をかけ、アポが取れれば前の職場へ顔を出しました。

しかし、さっぱりダメでした。

「駆け出しの営業マンはこんなものだろう」と半ばあきらめていましたが、実は「売れない原因」は他にありました。

当時の私には、仕事に対する責任もプライドもありませんでした。責任ゼロ、プライドゼロでした。

かつての勤務先を訪問し、受付で用件を伝え、相手が出てくるまでその場で待ちます。このわずかな時間が苦痛でした。待っている間に、顔見知りの人たちが通りすぎて行きます。挨拶してくれる人もいますが、ちらっと視線を向けて黙って行ってしまう人もいます。

この瞬間、針のむしろの上に座っているような気持ちになりました。

「また、大坪が来てるよ。経理を続けていればいいのに、慣れない営業は大変だね」

「生保営業への転職は失敗だったんじゃないのか」

「保険の営業なんかに来られても迷惑なだけなんだよ！」

きっとそう思われているに違いないと勝手に想像し、その場から去りたい衝動にかられていました。

こんなふうに思うのは、自分の仕事に責任とプライドがないからです。

責任とプライドを感じていれば、前の会社の人たちにも胸を張れたはずです。

そのうえ面談しても腰の引けたプレゼンしかできませんでした。

「この商品ですけど、私は、まあいいと思うのですが……決めるのはお客様次第ですからね」

仕事に対する責任もプライドもなく、迫力のないプレゼンしかできないのですから、保険が売れるはずもありませんでした。

「絵はがきもスーツも買えない」

フルコミッション営業と言っても、最初は固定給があります。正確には、一定期間を経てからフルコミッションになります。

私の場合、最初の2年間は固定給がありました。1か月目は35万円の固定給があり、それが2か月続きました。その後、少しずつ固定給が減っていきます。3か月目には20万円になり、10万円台、7万円、1万円と減って、2年後（25か月目）にはゼロになります。ここからがフルコミッションです。

結果を出せば収入は青天井です。新人の頃から業績をあげて、固定給の他に50万円、100万円とコミッションを稼ぐ人もいました。

しかし、結果が出せなければ収入がゼロ、まして自宅から会社までの交通費以外、経費はすべて自分持ちなので、発生する経費によってはマイナスになります。チャンスと同時に厳しさのあるシステムです。

ソニー生命で同じ支社に配属されたのは、私を含め5人でした。次々と契約を取ってくる4人の同期を必死に追いかけましたが、私が入社後第1号契約を持ち帰れたのは彼らに遅れること3週間後でした。その後の暗い先行きを予感させるスタートでした。

1年目にラッキーな大型契約があったものの、固定給がなくなった3年目からは、私の収入はどんどん落ちていきました。

そんな苦しい時期に、私の望みは2つありました。

1つは官製はがきを絵はがきにすることでした。

私はアポを取るとき、はがきを出していました。普通の官製はがきを使っていましたが、せめてこれを絵はがきにしたいと思っていました。官製はがきは50円ですが、絵はがきは3倍の150円です。当時の私はお金がなく、その差額の100円すら痛かったのです。

もう1つは、新しいスーツを買うことでした。

いつも同じ、しかもヨレヨレの紺色のスーツを着て、お客様に会いに行くのがたまらなく恥ずかしかったのです。お客様からは「この人はこれ1着しか持っていない」と思われていたはずです。そんな貧乏くさい営業マンから保険を買いたいと思うでしょうか。

誰だって上質なスーツを颯爽と着こなしている人から買いたいはずです。それはわかっていました。しかし、お金がなかったのです。

出張経費、本やセミナー代などの教育費、交際費など、すべてが自分持ちです。

経費をかけても業績があがらないのですから、はがきやスーツにお金を回すことなどできません。いつもギリギリの状態で、月末の給料で何とかひと息つくという生活でした。

「手取り1760円でソファーから立ち上がれず」

営業成績は落ち込むばかりでした。

必死に営業したのに売れた保険はたったの1件、それも月額保険料3000円の医療保険だけという月がありました。

月末の給料日、私は銀行に行きました。残高を見ると、昨日までとほとんど変わっていません。

「あれ、おかしいな……」

給料日にはある程度まとまった金額が口座に振り込まれるはずです。

「ひょっとして給料が入ってないんじゃないか?」

私はすぐ所長に電話しました。もしかすると会社の手違いということもあります。

しかし、電話に出た所長は、「給料は入金されているはず」と教えてくれました。

悪い予感がした私は慌てて通帳記入しました。

黒く印字された取引記録を見て、すべてを理解しました。

確かに、所長の言うとおり給料は入金されていました。

ところが、入金と同時に様々な経費(クレジットカード払いなどの活動経費)が引き落とされ、差額がほとんど残っていないのです。

経費を差し引いた残りは**1760円**でした。

月の手取りが何と、1760円になってしまったのです。

ショックでした。こんなことは妻にも言えません。

34歳の男が1か月間、朝から晩まで汗水たらして働いたのに、時給600円のアルバイト3時間分と変わらない金額です。学生や主婦のパートの1日分の稼ぎよりも月給が低いのです。余りのショックに銀行のソファーからなかなか立ち上がることができませんでした。

「成約率90％の商談を断られ、やり場のない怒りが……」

次の日曜、手取り1760円の精神的なダメージを引きずったまま、お客様のご自宅を訪問しました。

保険営業の場合、お客様がご自宅で保険の話を聞くというのは、契約に前向きである証拠で、9割方は契約が決まったようなものでした。

私は、落ち込んだ気持ちを奮い立たせ、お客様へ保険の説明をしました。しっかり説明すればあと一歩で契約が取れる！　その思いが私を支えていました。

ところが、ご契約をいただくことはできませんでした。ご自宅を訪問したのに断られてしまった、ご契約がいただけなかったという事実に大きなショックを受けました。

真面目に働いているのに手取り1760円！

成功率9割とされる自宅訪問でも契約が取れない！

「なぜなんだ！」「いったいどうなってるんだ！」というやり場のない怒りが頭の中で交錯します。何が何だかわからなくなりました。

ファミレスで1人考えるも、途方もない不安と恐怖でいっぱいに

お客様宅からの帰り道、私はファミリーレストランに入り、夕食を摂りました。ホントに辛く、切ない食事でした。不甲斐ない自分が情けなくて、悔しくて、落ち込んだ気持ちをどうすることもできませんでした。

このまま放っておいたら、私の人生はメチャクチャになる。将来のことを考えるだけで、途方もない不安と恐怖が襲ってきました。私の心の中では、非常事態を告げる緊急サ

イレンが鳴り響いていました。

「こんな生活はどうしてもリセットしたい」

「何とかして、現状を抜け出したい」

情けなさと悔しさがピークに達し、本気で這い上がりたいと思いました。

私は、「これから何をすべきか」を大学ノートに書き出してみようと思いました。

しかし、ノートを開いてみたものの「やるべきこと」を書き出すことができません。

何をすればいいのかを考えても、1つも思い浮かびませんでした。

手取り1760円と、成功率9割の契約に失敗した直後で、やる気と自信を完全に失っていました。

暗くてヘビーな精神状態だった私には、前向きな行動を考え出すことができなかったのです。

頭の中でふっと浮かんだアイデアも、「そんなことできるはずがない」「やったって、どうせ無駄だ」という思いが瞬時に打ち消していきます。

結果として、目の前のノートはいつまで経っても白紙のままでした。

「ゲバラならどうする?」――できるか、できないかを真剣に悩まない

そこで私は「こんなときチェ・ゲバラだったらどうするだろう?」と考えました。

私は革命家チェ・ゲバラが大好きです。アルゼンチンに生まれ、数々の革命活動に参加し、後にカストロとともにキューバ革命を成功に導いた立役者であり、不屈の精神と火のような行動力を持つゲバラは私のヒーローでした。

もし、ゲバラが手取り1760円で、成功率9割の契約に失敗したら、どう考え、どう行動するか。すると、

「ゲバラなら落ち込んだりしない。こんな状況を吹き飛ばすくらいの行動力があるだろう」

「ゲバラならこの状況をひっくり返すような作戦を次々に立てて実行するだろう」

と思いました。

いまの自分にはできないかもしれないが、「自分にもう少し行動力があれば……」「ちょっとだけタフな人間だったら……」と考えることで、思考回路をほんのちょっぴり切り替

えることができました。

行動を書き出す段階では、**「できるか、できないか」を真剣に悩まない**のがコツです。行動力に優れたヒーローになったつもりで、思いついたことをとにかく書いてみました。

少しずつ気持ちが前向きになると、ポツリポツリと営業のアイデアも浮かんできました。どん底にいた私のペンを持つ手が少しずつ動き出したのです。1時間以上もかけてリストを完成させました。

私はいまでも、ゲバラの写真をオリジナルの手帳に入れて持ち歩いています。自分に勇気が足りないとき、行動力を引き出したいときに、彼の写真を見て「ゲバラだったらどうする？」と自分を奮い立たせています。

翌日から9つの全作戦にすぐ着手

そのとき私は9つの行動計画を書き出しました。「ゲバラならどうするか」という発想から生まれたアイデアなので、それぞれに「〇〇作戦」という名前をつけました。

1 紹介お願い作戦
2 鶴亀作戦
3 渋谷攻略作戦
4 セミナー作戦
5 高校名簿作戦
6 大学名簿作戦
7 キーマン養成作戦
8 写真係やります！ 作戦
9 五反田毛筆作戦

翌日から作戦開始です。

売れない営業だった私ですから、時間は十分すぎるほどありました。翌週の予定を見ても、数件のアポが入っているだけで、その他はガラガラです。

そこで9つの作戦をすべて同時に始めました。もしゲバラなら1度にすべてやるに違いありません。

以下に9つの作戦を簡単に紹介します。

作戦1――「紹介お願い作戦」

過去に契約してもらったお客様に、紹介をお願いする手紙を出すという作戦です。

当時の私は「紹介して欲しい」と言い出すことができませんでした。「保険に入ってもらうだけでも迷惑をかけているのに、そのうえ紹介してくださいなんてとても言えない」と思っていました。

仕事に自信を持っていれば、「多くの人に買ってもらいたい」と思うはずです。それを「迷惑」としか考えられないのは、自分の仕事に自信がなかったからです。

作戦には往復はがきを使いました。

往信部分に、過去の契約に対するお礼と、保険の話を聞いてくれる人を紹介して欲しいという趣旨を書きました。

返信部分には「その方のお名前・ご住所・電話番号」といった基本情報に加え、役職や年齢、家族構成などの質問項目を並べました。うまくいけば、空欄に情報を書き込んで、返信してくれるという仕組みです。

でも、結果はさんざんでした。

1件もご紹介をいただけなかったばかりか、あるお客様を激怒させてしまいました。そのお客様にはすでに3人の方を紹介してもらっていて、そのうち2人からは契約もいただいていました。そのうえで「紹介してください」というはがきが届いたので、「あんなに紹介してやったのに、まだ不足だって言うのか！」と大変叱られました。

私は、**お客様とは常に1対1の関係**だということを学びました。

ワープロで作成しただけのはがきを一斉に送って「紹介してください」と呼びかけるのは、お客様との間で行うべきコミュニケーションではありません。

それ以降、手紙を送る際には、**必ず肉筆の言葉を添える**ようにしました。

作戦2——「鶴亀作戦」

2人1組での飛込み営業です。

飛込み営業は精神的に負担がかかります。話を聞いてもらうだけでもひと苦労ですし、全人格を否定するようなひどいことを言われ、追い払われることも珍しくありません。

無残に断られ続けると心が折れます。次へ飛び込む勇気がなくなり、休憩と称してサボりたくなります。自分1人で飛込み営業ができる自信はまったくありませんでした。

そこで2人でコンビを組み、『会社四季報 外資系企業就職版』『会社四季報 未上場会社版』（東洋経済新報社）をもとに交替で飛込み営業をかけました。

「今回は俺が話したから、次はおまえ」とやっていると、自分から「やめよう」とは言い出せません。断られ続けてもダメージが分散され継続しやすいですし、気持ちの落ち込みも少なくなります。また、相方の営業スタイルを見て勉強できるというメリットもあります。

作戦としては悪くなかったのですが、残念ながら成果はゼロでした。

作戦3――「渋谷攻略作戦」

東急田園都市線は、神奈川県の中央林間駅から東京都の渋谷駅までを結ぶ路線です。

この路線の駅周辺マンションを対象に「保険相談承ります。相談内容をFAXでお送りください」というチラシをポスティングするのが「渋谷攻略作戦」です。

中央林間からスタートして、最後は渋谷に到達することからこう名づけました。

この作戦は私同様、成績不振にあえいでいた同僚と実行しました。

私たちは毎週水曜の夜9時にターゲット駅の改札に集合し、周辺マンションにポスティングしていきました。見知らぬ男2人がエントランスでウロウロしているので、何度か不審者に間違われました。警察官に尋問されたこともあります。

作戦開始時は寒い時期でしたが、すべてを終えたのは真夏でした。実に半年続いた作戦でしたが、結果として得られた契約は1件だけでした。

作戦4――「セミナー作戦」

売れる営業マンとは信頼される営業マンです。そして信頼される営業マンとは、お客様がちょっとした興味、疑問を感じたときに相談される相手です。

セミナー講師になった瞬間から営業マンは先生になります。

お客様の立場で考えた場合、単なる営業マンと先生では、先生のほうが相談相手としてふさわしいでしょう。そこでセミナー営業をすることにしました。

ただ、セミナーを開催するには、告知が必要です。大手新聞社に広告を出す予算はないので、江戸川区限定で発行している新聞紙面に「保険セミナーを開催します」という宣伝をしました。1回15万円の掲載費が1人では払えなかったので、同僚と2人でセミナーを開催しました。

100人収容できる大きな会場を借りましたが、当日は土砂降りの雨で、会場に来てくれたのは2人。しかも、そのうちの1人は人がいないのですぐ帰ってしまいました。

1人残ってくれたお客様は保険証券を持参するなど、初めから相談するつもりだったので、契約をいただくことができました。コミッションは入ってきましたが、新聞広告費、会場費を差し引くと大赤字でした。

作戦5――「高校名簿作戦」＋作戦6――「大学名簿作戦」

高校、大学それぞれの卒業生名簿を頼りに営業していく作戦です。

結論から言うと、「高校名簿作戦」の成果はゼロで、「大学名簿作戦」は6件成約できました。すばらしい成果ではありませんが、「大学名簿作戦」実行中に、私は「テレアポ必勝法」を見つけました。これは後から紹介する「1日20ポイント獲得シート」でポイントを獲得するための大きな武器となりました。

そもそも高校名簿と大学名簿では、決定的な差がありました。

大学名簿には就職先が明記され、その住所と連絡先が載っています。私はまず勤務先へ**肉筆のはがき**を出しました。「自分は保険営業をしていて、ぜひ保険の話を聞いて欲しい」という内容です。

そしてはがきが届いた頃合いを見計らって電話をしました。わずかなひと手間ですが、これが大きな差を生みました。はがきを送ってから電話をかけると、いきなり電話をかけたときに比べて、**アポの成功率は3倍**になりました。

電話での話し方のコツもわかりました。相手が電話に出たら、

「こんにちは、大坪と申します。この間、ヘンなはがきが届いたと思うんですが……」

と言います。

すると、何割かの人が「ああ、あれか」というような反応を示します。お客様からこの反応を引き出すことができれば、テレアポは7割方うまくいきます。

さらに、

大事なのは、
字のうまい・ヘタではなく、
インパクトがあるかどうか。
だから悪筆でもOK!

大坪勇二特製・肉筆はがき

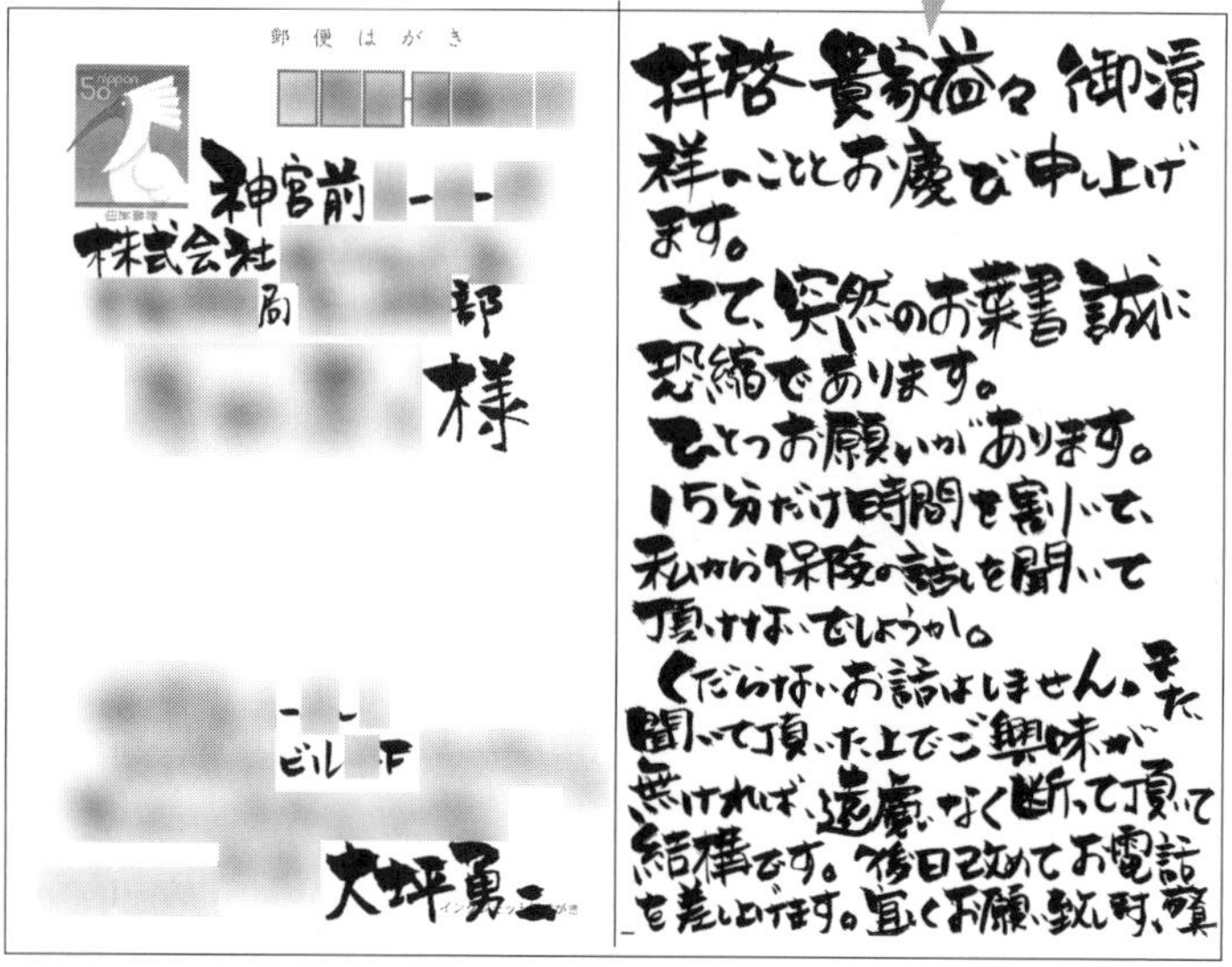

「お忙しいところ、ヘンなはがきが届いちゃってホント恐縮なんですけど、ハハハ」

と笑いかけます。

すると、何となく相手もつき合って笑ってくれます。アイスブレイクが成功して少し打ち解けたら、一転して真面目なトーンに切り替えます。

「お話の趣旨ははがきに書いたとおりです。くだらない話はしませんから、15分だけお時間をください。お互い忙しい身ですから、ご興味がなかったら、その時点で断っていただいて結構です」

このように自信を持って言い切ると、相手は「なぜ、この人は自信満々なんだろう。もしかすると、このオファーを断るのは得策ではないかもしれない」と思います。

営業マンに必要なのは、はっきりとしたスタンスだと気づきました。

「いらないものを押しつける気はない。あなたが必要とするなら価値のある情報を提供する」

という毅然とした態度こそが、相手の興味を引き出すのです。

このやり方を実践することで、相手が話を聞いてくれて、なおかつ面談にまで持っていけるケースが飛躍的に増えました。

作戦7——「キーマン養成作戦」

キーマンとは、自分の営業活動を積極的にサポートしてくれる人です。

突出した業績をあげている人には、必ず優れたキーマンがいます。キーマン養成が上手な人は、黙っていてもどんどん業績をあげます。

当時ソニー生命の大先輩でキーマン養成の達人がいました。私のような売れない営業マンからすると、その先輩の仕事ぶりは夢物語を見ているようでした。

たとえば、A社と法人契約を結ぼうとしている間に、A社のキーマンからB社のキーマンを紹介されて商談を始め、B社との契約が決まる頃には、B社のキーマンからC社のキーマンを紹介されて商談を始めているという具合です。

面白いようにキーマンが増え、商談が途切れることがありませんでした。

私はその先輩に、「なぜキーマンを作ることができるんですか?」と聞きました。

すると先輩は、

「そんなの簡単だよ。キーマンになってくださいって頼めばいいんだよ」


と言ったのです。

あまりのシンプルさに衝撃を受けました。

私はそれまで「キーマンになってもらうと相手に迷惑をかける」と思い込んでいましたが、頼めば快く協力してくれる親分肌の人が私たちが考える以上にたくさんいます。

新日鉄時代の同期に、東大法学部を出た切れ者がいました。ゼネコン部門にいて、出入り業者など、数多くの企業とつながりがありました。キーマンをお願いするには絶好の人物です。私はその人と東京駅・八重洲口のレストランで会い、「キーマンになって欲しい」とストレートに伝えました。

翌日、彼から電話がかかってきました。

電話口で彼は、「いまから言う会社の社長に電話してみろよ」と言うと、千葉県にある建設会社を紹介してくれました。

私は彼から教えられたとおり電話をかけ、社長と会う約束をしました。その後、商談は順調に進み、その会社から契約をもらうことができました。

作戦8――「写真係やります！ 作戦」

これは、パーティーや会合など人が集まる席で写真係を買って出る作戦です。

大学時代の先輩が会社を立ち上げる際に催した創業パーティーで、会場内を動き回って写真を撮りながら10人と名刺交換をしました。

その中に、新日鉄時代の部長がいました。私は直接の部下ではなかったので、相手は私のことを知りません。私も相手の顔をかろうじて知っている程度でした。

名刺交換すると、別の会社の社長になっていました。私は自分が保険営業をしていることを話すと、「保険営業は大変だけど、がんばって。私は応援できないけど」と釘を刺されてしまいました。

その後、パーティーが終わり、写真係の任務も無事終えました。

でも、ここからが営業マンとしての仕事です。

当時はデジカメがなく、写真と言えばフィルムでした。プリントした写真は、郵送するか、直接届ける必要がありました。

私は名刺交換をした人たちに電話をかけ、「写真ができたのでお届けします」と伝えました。

ところが、ほとんどの人から「そこまでしてくれなくていいよ」と断られました。こちらの下心が透けて見えていたのでしょう。

その中で1人だけ「持ってきて」と言ってくれた人がいました。それが新日鉄時代の元部長でした。

にこやかに私を迎え入れてくれた社長は、自分の身の上話など愉快な話を次々としてくれ、あっという間に30分がすぎました。

しかし、私はおしゃべりに来たわけではありません。時間の経過とともに「そろそろ保険の話を切り出したい」と焦っていたものの、なかなか言い出せずにいました。

「社長が気持ちよく話しているのに、それを遮って保険の話をする必要があるのか」

「社長との関係が築けただけで、今日はOKじゃないか」

など、話を切り出さない理由はいくらでもありました。

そんな理由を並べ立て、少しずつ「行動しない」という弱気な選択肢へと気持ちが傾いていきます。パーティーの席で「私は応援できない」と先手を打たれていたことも、私の行動する勇気を削いでいました。

社長の話がひととおり終わり、いよいよ失礼するタイミングが来ました。

仕方なく私は立ち上がり、「今日はどうもありがとうございました。勉強になりました」と挨拶をしました。

社長に背を向け、部屋を出るためにドアの前まで来た瞬間、「自分はいったい何をやっているんだ！」という思いが噴き出してきました。

「情けなかあ！　なんしとうとや貴様《きさん》！　おとこやろもん。行動せんか！」

心の中のもう1人の自分が博多弁で叫びます。私は向き直り、

「保険の話を15分だけ聞いてもらえませんか？」

と言いました。

身長180cmを超える大男の私が突然振り返ったので、社長はひどく驚いていましたが、意外なほどあっさり「いいよ」と言ってくれました。

私は急いでテーブルに戻り、15分間懸命に保険の話をしました。すると、

「わかった。それで俺は何をすればいいの？」

と言ってくれました。それから私はその会社の保険証券を見せてもらい、いくつかの保険を提案させてもらいました。

結局、その会社からは大口の契約をいただくことができました。ご契約の日、緊張とうれしさで足の震えが止まりませんでした。最初は社長個人の契約でしたが、その後大幅な役員改選があり、新たな役員の方たちからも契約をもらえました。

また、グループ企業やご友人の企業を何社もご紹介いただきました。この社長には、現在に至るまで本当にお世話になっています。

「写真係やります！　作戦」は、生涯にわたるキーパーソンとの出会いという思わぬ形で、大きな成果をあげました。

作戦9――「五反田毛筆作戦」

「五反田毛筆作戦」とは、東京・五反田で買った名簿を利用した作戦です。

個人情報保護法の施行以降、名簿屋を見かけることがなくなりましたが、以前は名簿を買ってビジネスに活かすという手法は頻繁に行われていました。私も含め、多くの営業マンが名簿を買っていた時代です。

私が買ったのは、企業年金団体の名簿でした。

一般の人はもちろん、保険の営業マンでも目にする機会は少ないでしょう。

簡単に言えば、企業や団体などが入る年金に関する名簿です。労働組合など、大きな団体になると組合員の数も多く、年金保険の規模も大きくなります。それだけ大口の契約が取れる可能性はありますが、たいていの場合、すでに大手の保険会社と契約しているので、その領域に割って入るのはかなり困難です。

この名簿を何とか活かそうと、全国の団体の事務局長宛に手紙を書いてみることにしました。

ただの手紙では面白くないので、少しでも目立つように毛筆で書きました。

私は達筆ではありません。むしろ悪筆です。汚い字でも墨で書けば相手に与えるインパクトが強いだろうと考えました。

数日後、私は支社長から呼び出しを受けました。

恐る恐る支社長室へ行くと、

「五反田毛筆作戦」の例

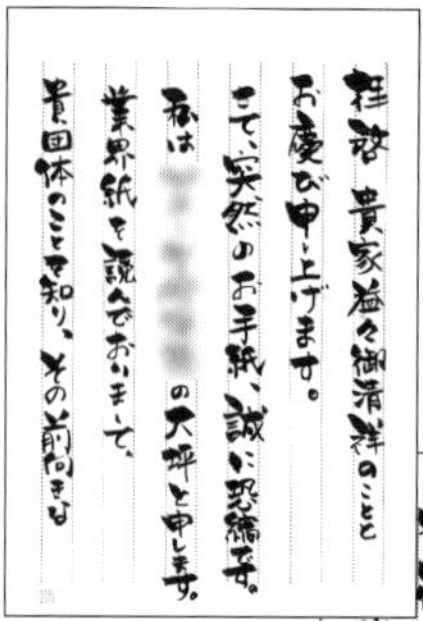

拝啓　貴家益々御清祥のこととお慶び申し上げます。
この度、突然のお手紙、誠に恐縮です。
私は[redacted]の大坪と申します。
業界紙を読んでおりまして、
貴団体のことを知り、その前向きな

運営方針に感銘を受け、こうしてお手紙を
差し上げた次第です。
不躾なお願いで誠に恐縮ではありますが、
[redacted]事務局長様を一度ご訪問させて頂き
貴団体の運営、特に団体の退職年金などの
て意見交換させて頂ければ

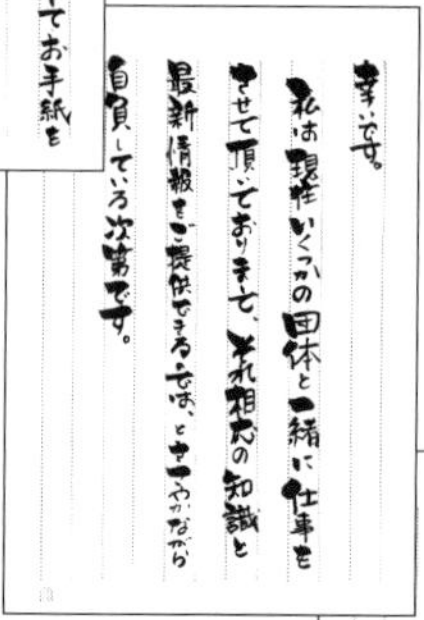

幸いです。
私は現在いくつかの団体と一緒に仕事を
させて頂いておりまして、それ相応の知識と
最新情報をご提供できるかな、と手前みそながら
自負している次第です。

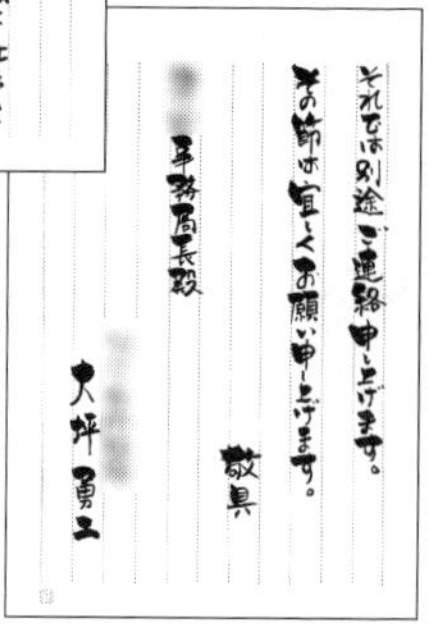

それでは別途、ご連絡申し上げます。
その節は宜しくお願い申し上げます。
敬具
[redacted]
事務局長殿
[redacted]
大坪勇二

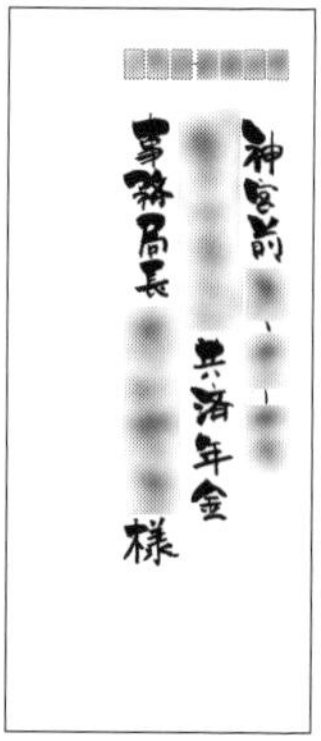

[redacted]
神宮前[redacted]
[redacted]共済年金
事務局長[redacted]様

「本社から連絡があったのだけど全国にヘンな手紙を出さなかったか？」

と聞かれました。

インパクトのある手紙を受け取った人が、私にではなく本社総務部にクレームの電話を入れてきたのでした。支社長は私のせいでひどく困った立場に立たされたと思いますが、支社長はそれ以上何も言わず、私をかばってくれました。本当にありがたく思いました。

「五反田毛筆作戦」はここで終わりではありません。

門前払いが当たり前の団体にアポなし訪問！思わぬ収穫が

私は手紙を送った団体にアポなし訪問をしました。

「事務局長様にお手紙を差し上げたのですが……」

と伺うのですが、手紙1つ出してあるだけでまったくの飛込みより心理的に余程ラクになります。

扱うのは、「団体年金保険」という特殊な商品です。どのような展開になるのか想像もつきませんでしたが、とりあえずやってみようと思いました。

半ば飛込み営業ですから、企業や団体の偉い人たちに会える機会などほとんど期待できません。半分以上は受付で門前払いです。

そこで私は、少しでも確率をあげるために福岡にターゲットを絞りました。東京より多少は上層部の人に会えるだろうと考えたのです。

稼ぎが極端に少ない時代ですから、地方への出張費は正直痛手でした。

しかし、なけなしのお金で福岡まで出張してみると、面白い現象が起こりました。

予想に反して、大きな団体の事務局長に何人も会えたのです。すんなりと事務局長が出てきて「わざわざ東京から来たの。それは大変だったね」などと言ってくれます。

様々な事情やタイミングの問題もあって、福岡の活動で契約は取れませんでしたが、事務局長に会えたり、その業界を取り仕切っているキーマンを紹介してもらえるなど、「これはいけるかもしれない」という好感触を得ました。

「どんなプロジェクトも10週間やる」と出くわす〝普通ならありえない偶然〟

私は**「どんなプロジェクトも10週間はやる」**というルールを決めています。

うまくいくプロジェクトでは、開始10週間のうちに、**普通ならありえない偶然**、「エッ」と思うようなことが起こります。その期間に直接的な結果が出なくても、「これはいい感じかも」と思えるサインが見えてきます。

それが「ゴー」サインです。何が何でもプロジェクトを前に進めます。

福岡での活動は結果こそともないませんでしたが、そのサインをキャッチできたのです。

福岡で好感触を得た私は、東京に戻ってからも団体年金保険を売る活動を続けました。

東京では労働組合にターゲットを絞り、関係者探しからスタートしました。

出会う人すべてに「誰か、労働組合の関係の方を知りませんか？」と尋ねて回っていると、「大坪が労働組合の人を探しているらしい」という噂が広まりました。

「敵失で大型契約ゲット——一生忘れられない電話」

真剣に探していれば必ずどこかで繋がってくるもので、ついに、知り合いの知り合い、そのまた知り合いくらいのところに関係者がいるという話が入ってきました。

私はその人を紹介してもらい、日本で有数の大きな労働組合の事務所を訪ねました。しかし、現れた人はいかにも不機嫌で、私の話に興味を示してくれず、

「すでに大手保険会社と契約していて、おたくと契約することはできない」

とハッキリ言われました。

意気消沈した私は、「ときどき情報だけでもお届けさせてください」と言うのが精一杯でした。

最後に、「ご紹介いただいた○○さんによろしくお伝えください」と言うと、相手の方が「何言っているの？　そんな人は知らないよ」と言いました。

何と私は別人を訪ねていたのです。

紹介をたどっていったつもりが、結果的に飛込みをしてしまったのでした。

受付で相手の名前を伝えるのを忘れたのか、年金局長の客だと勘違いされたのです。でも、人違いでも何かの縁です。私は3か月に1度はその方を訪ね、名刺を置いてきたり、年末の仕事納めには家内の実家で作った日本酒を差し入れるなど、コンタクトを取り続けました。

それから1年がすぎた頃、すでに契約していた保険会社がミスをして、組合の会長を激怒させるという事件が起きました。そのとき私のところに連絡が来ました。

この電話を私は一生忘れないでしょう。

「今度、保険のシェアを大幅に入れ替えることになったけど、おたくも入る？」

その電話を1年間待っていたようなものですから、断る理由などありません！　すぐにその話を受けました。

「あまり大きなシェアを割り振ることはできない」と言われていましたが、元々大きな組織です。私に割り振られたのは**3％でしたが、それが何と預り資産90億円という大きな契約**でした。

時期を同じくして、別の労働組合からも同程度の契約をもらうことができ、そのときの私の契約は170億円近くになりました。

当時、ソニー生命の総資産が1兆円前後で、**1人の営業マンが総資産の約2％を売り上げたのは前代未聞**でした。

経済誌の「エコノミスト」（毎日新聞社）の保険特集号では、「団体年金保険のシェアに異変！」という記事が載ったほどです。

個人名が雑誌に載ったわけではありませんが、その異変を起こした張本人が私でした。

自分で仮説を立ててそれを実行し、たった1人で成功させたこと。

それは初めて味わう仕事の快感でした。このたまらない快感、このときの強烈な成功体験が、私を営業という仕事のトリコにしました。

この気分をまた味わいたくて、私は営業マンをしているようなものです。

「わずか6か月後に、手取り月収が1000万円に」

9つの作戦を同時に始めて半年が経った月末、私はいつものように銀行へ行き、月の収支を確認するために通帳記入しました。

印字された残高を見て驚きました。

一目見た瞬間は、ゼロの数が多すぎて、それがいくらかわからないほどでした。

「イチ、ジュウ、ヒャク、セン、マン、ジュウマン、ヒャクマン……」

その月の**給料（税込）は1200万円ほどで、各種経費を差し引いても1000万円以上**が手元に残っていました。

8桁の数字が自分の通帳残高として記載されているなんて、奇跡を見ているようで、通帳を持つ手がブルブルと震えました。

手取り1760円、どん底のファミレスからわずか半年後のことです。

私は通帳をめくり、当時のページを確認しました。通帳のわずか4ページ前に1760円の文字が刻まれていました。その頃は絵はがきも新しいスーツも買うことができませんでした。

それが**わずか半年ほどで手取り月収1000万円**と、**実に5000倍以上**になったのです。

そして最終的には1850万円と、手取り月収として1万倍になったのは前述のとおりです。

「すべての作戦を同時にやったのがよかった」

私は「どうして成功することができたのだろうか」と考えてみました。

9つの作戦を1つひとつ振り返ってみると、「大学名簿作戦」「キーマン養成作戦」「写真係やります！　作戦」「五反田毛筆作戦」の4つは成果をあげましたが、他の5つはあえなく失敗しました。

でも、成功した4つの作戦だけを実行しても、おそらくうまくいかなかったと思います。なぜなら成功した理由は、**大量行動したことにある**からです。

私は一時期うまくいっているのに、その後落ちていく人たちを大勢見てきました。たいていその原因は、行動量を落としてしまうことにありました。ターゲットは絞っても、行動量を落としてはいけません。

そして、もう1つの理由は、**同時に実行した**ことです。

私はファミレスで9つの作戦を立案しました。

9つの作戦が目の前にあったとして、あなたならどのように実行しますか？

多くの人が作戦1から順番に始めるでしょう。1番をやって成果が出ないとわかったら2番、3番と移り、成果が出たものを続けるというやり方です。

でも、これではうまくいきません。どんな仕事にも時間的な制限があり、それまでに成果をあげなければ意味がありません。9つの作戦を順番に試していると、たいてい時間切れになります。

成果をあげようと思ったら、**すべての作戦を同時に実行に移す**べきです。

後から知ったことですが、ダン・S・ケネディというアメリカ人の有名なマーケッターが「大量行動の原則」と名づけ、行動量の重要性を説いています。

とても重要なので繰り返しますが、私が実行した9つの作戦そのものが重要なのではありません。当時と現在ではコンプライアンス（法令遵守）などの社会状況が違いますし、そもそも1人ひとりが置かれている状況が違いますので、これをそのままマネするのは意味がありません。あなた自身の作戦として何がよいかは後述する「人生右肩上がりマップ」（↓187ページ）などで分析してください。大事なことは、**「大量行動」という本筋を間違わなければ、誰でも成功できる、**ということです。

売れ続ける力を仕組み化する「5つの成功ツール」

ただし、大量行動しようと思っても、なかなか難しいのが現実です。新しい行動をたった1つ起こすのも難しいもの。それなのに一挙に大量行動するなんて気の遠くなるような話です。私は手取り1760円という非常事態になったからこそ、背水の覚悟で大量行動に踏み切ることができましたが、そうでなかったら、おそらく行動することはできなかったでしょう。ただし、大量行動のすばらしさは身にしみて感じました。

そこで、このときの経験をもとに、大量行動を無理なく続けられる「仕組み」を作りました。それが「月収1万倍仕事術」の「5つの成功のツール」です。

・消極的な自分が積極的な自分に変わる！「16分割週間スケジュール帳」（↓69ページ）
・普通ではありえない幸運を引き寄せる！「1日20ポイント獲得シート」（↓111ページ）
・ペンを動かすだけで夢が叶う！「1日10分・目標書くだけシート」（↓159ページ）
・心が弱ったときでもモチベーションが継続する！「人生右肩上がりマップ」（↓187ページ）
・ここぞ！　というときにスラスラ出てくる！「キラートーク大辞典」（↓209ページ）

ゲーム感覚で「5つの成功ツール」に記入していくだけで、簡単に大量行動が起こせ、しかも無理なく続けられます。

私はこのツールによって、手取り月収1000万円を記録した後も、ハイレベルで安定した営業成績を残し続けました。そしてついには手取り月収**1850万円**に達しました。

営業マンには**「売り続ける力」**が必要です。

瞬間的に爆発的に売り上げるのではなく、数十年売り続けなくてはなりません。

その年、法人企業などを顧客にして**年収4500万円**に到達し、その後保険営業マンとして稼いだ販売手数料の総額は**3億6700万円**を超えました。

かつては、月に3000円の医療保険1件しか売れなかった営業マンとしては、かなりの成果だと思いませんか？

保険代理店3000社中全国4位の営業チームになった

「5つの成功ツール」を使えば、誰でも業績をあげることができます。

05年、私は仲間と独立し、保険代理店全国ネット創設に参画しました。東京の責任者として組織をゼロから立ち上げたのです。

事務職から完全歩合制の営業マンの世界に飛び込んだときと同様、営業組織のマネージャーの経験などまったくありませんでした。

しかしこのときも「月収1万倍仕事術」の「5つの成功ツール」のノウハウをもとに、1年で全国トップクラスの営業集団が完成し、**保険代理店3000社中全国4位**の成績を収めることができました。会社は現在、社員125人で販売手数料収入（一般企業の「粗利益」に相当）**15億円**を稼いでいます。

さらにセミナーを実施し、多くの人にノウハウを伝えたところ、何千人もの人が業績をあげ、**年収5000万円クラス**の人が続出しています。

すべて「月収1万倍仕事術」によって大量行動が習慣化されたためです。

あなたは1日3回食事を、朝晩2回歯磨きをしていますね。もし、そうした習慣のない人が、いきなりそれをやろうと思ったら、「大変だ」「面倒だ」と考えるはずです。

でも、習慣になっていれば「大変だ」とか「面倒だ」と考えることもなく行動に移せます。「月収1万倍仕事術」によって、無意識のうちに大量行動ができるようになるのです。

第1章

月収1万倍仕事術①

消極的な自分が積極的な自分に変わる！「16分割週間スケジュール帳」

モチベーションを継続する3つの原則

以前出席したセミナーでこんなことがありました。講師であるトップ営業マンが参加者に檄を飛ばします。

「キミたちはだいたいやる気が足りない！」

「なぜもっとやる気を出さないんだ！」

そして、超ハードワークで成功した自身の事例について話が展開していきました。

他の参加者の顔を見ると、熱心にメモを取っている様子でしたので、それなりに感銘を受けたのでしょう。

しかし、私は違いました。

「やる気がない」というその状態こそが問題なのですから、その指摘に留まっていては意味がありません。行動を起こすに足る**「やる気」がどこにも売っていない**ことが本質的な問題なのです。

私自身が苦しんだ末にたどり着いた結論はこうです。

①成果ではなく「行動そのもの」にフォーカスすること
②「行動するための」時間と、「考えるための」時間を明確に分けること
③最大の原因である「混乱状態を整理」すること

です。

②と③は後で論じることとして、ここでは①に焦点を絞ります。

なぜ結果だけを求めると、自分のマーケットを荒らしてしまうのか？

あなたはどうでしょう。

結果だけに焦点を当てていませんか？

売上や受注数ばかりに目標を置いて、「週末までに○円売る」「月末までに○件の契約を取る」とか考えていませんか。

すると、こんな問題が起きることがあります。

まず、目標をプレッシャーに感じるあまり、結果として行動量が落ちてしまうことです。

どういうことかと言いますと、もしも目標を達成できない場合、

「上司に怒られる」

「査定に響く」

などと、自分にとって不都合なことが起きますよね。そうなると、人によってはこのストレスに耐えられずに萎縮してしまい、どんどん自信がなくなり、積極的な行動ができなくなります。


上司に会わないようにするために朝営業に出かけたきり、遅くなるまで会社に帰ってこなくなります。


つい嘘をついてしまうケースもあります。

「目標を達成できそうか？」と上司に聞かれ、「月末までには大丈夫です」などと甘い見込みの報告をあげますが、実際には行動していないので、案件が進展するはずがありません。締めが近づくにつれ、「先方が急に多忙になりまして」などと苦し紛れの言い訳をします。これがたび重なると、上司からのプレッシャーもきつくなってきます。


こうなると、契約がすぐに取れそうな目先の案件ばかりを追いかけるようになります。

たとえば、「今週1件の契約を取る」という目標を立て、これに向かって月曜の朝から行動できる人はなかなかいないでしょう。多くの人は、週の序盤は行動を起こせません。

目標をクリアするのに時間的な猶予が必要だからです。

週半ばの水曜からようやくエンジンがかかり、木曜、金曜になると焦ります。その結果、すぐに契約がもらえそうな人だけを相手にするようになります。悪いことにベテランほど、なまじ要領がわかっているだけにこういう行動に陥りがちです。

これでは目標をクリアできたとしても、次に続きません。なぜなら自分のマーケットを荒らしてしまうからです。

少ない面談回数でクロージングできるお客様はそう多くありません。情報を集め、資料を揃えたうえで、お客様と面談のきっかけを作り、お客様との距離を縮め、お客様の要望を聞いて提案を行い、ようやく契約となります。

ところが、結果ばかりに焦点が行くと、契約成立ばかりに目が行き、お客様との信頼関係を作ろうとしません。お客様との信頼関係を築くことは困難なので、見込客を紹介してもらえる可能性も低く、業績が不安定という悪循環にはまります。

これは目標達成のために、自らマーケットを荒らしているのと同じです。そうなると、1つのマーケットにじっくり腰を据えることができず、次から次へと新しい場所を開拓していかなければなりません。自分のマーケットを荒らし、どんどん移動していっては、継続的に成果をあげるのは難しいでしょう。

月曜～木曜に4×4＝16の「聖域時間」を作る

大量行動を仕組み化するのが、**「16分割週間スケジュール帳」**（↓76～79ページ）です。

このツールには、１日４マス（１マス２時間）あります。

１週間で見ると、月曜～金曜までで４マス×５日で20マス、土日も含めると４マス×７日で28マスあります。

１マスは２時間が基本です。

私の場合、だいたい第１マスを９～11（または10～12）時、第２マスを11～13（または13～15）時、第３マスを13～15（または15～17）時、第４マスを15～17（または17～19）時と区切っています。

私は見込客を作るために、必ず誰かとランチを摂るようにしていました。その場でさりげなく保険の話を相手に振って何らかの反応が返ってきたら、何でもないランチが商談に「昇格」するわけです。この方法は見込客作りには非常に有効でした。

ただ、ランチをゆっくり摂りたい方は、午前に１マス、午後に３マスなど、臨機応変に開始時刻・終了時刻を設定してＯＫです。

一般的には月曜~金曜で働く場合、月~金の20マスに注目してください。

そして、20マスのうち16マスを「聖域時間」とします。「聖域時間」とはコア業務を行う時間です。

営業マンにとって最も生産性の高い仕事＝コア業務とは、お客様と面談することです。

これ以上に重要な仕事はありません。

そして2番目に重要な面談のためのアポ取りには、面談と面談の間のすき間時間を使います。**これら以外の仕事は、16マスの中には入れません**。これが大原則です。

たとえば、ルート営業のように、ルーティンの訪問に追われて新規の面談設定まで手が回らないという場合もあるでしょう。その場合は、客先訪問時にさりげなく質問して新しいニーズを引き出すとか、お客様のご紹介を頼んでみるなどの行動を通じて訪問の「グレードアップ」を図ってください。その場合を「面談」とカウントする、などの工夫ができると思います。

これは、市販の手帳やノートを使ってもできます(↓80ページ)。

営業マンの仕事には、面談以外にも、書類作成、メールチェックなどがありますが、そ

■週の終わりまでに、翌週のマスを全部アポで埋めることに全力を集中しよう！

THURSDAY ／ 木	FRIDAY ／ 金	SATURDAY ／ 土	SUNDAY ／ 日

月曜～木曜の
16マスに着目し、
金曜は
予備として使う

「16分割週間スケジュール帳」基本フォーマット

WEEKLY SCHEDULE

[16分割週間スケジュール帳] 1日4マス × 週4日で16マス

年	MONDAY ／ 月	TUESDAY ／ 火	WEDNESDAY ／ 水
(時間)			
:			
:			
:			
:			
:			

■週の終わりまでに、翌週のマスを全部アポで埋めることに全力を集中しよう！
THURSDAY 29 木
FRIDAY 30 金
SATURDAY 31 土
SUNDAY 6/1 日
(株)イイダ 打合せ
定例会議
国際コンサルティング 打合せ
契約書類 一気処理！
芝田エンタプライズ 打合せ
来週のスケジューリング & 集中TELアポ
提案書 作成
同上 終わり次第…
飲み会!!
月曜～木曜の「コアタイム」は行動することに集中
木曜1マス、金曜4マス、10時以前や19時以降の「サポートタイム」は考えることに集中
ご褒美を用意するのが長続きするコツ

「16分割週間スケジュール帳」の活用例（午前10時開始の例）

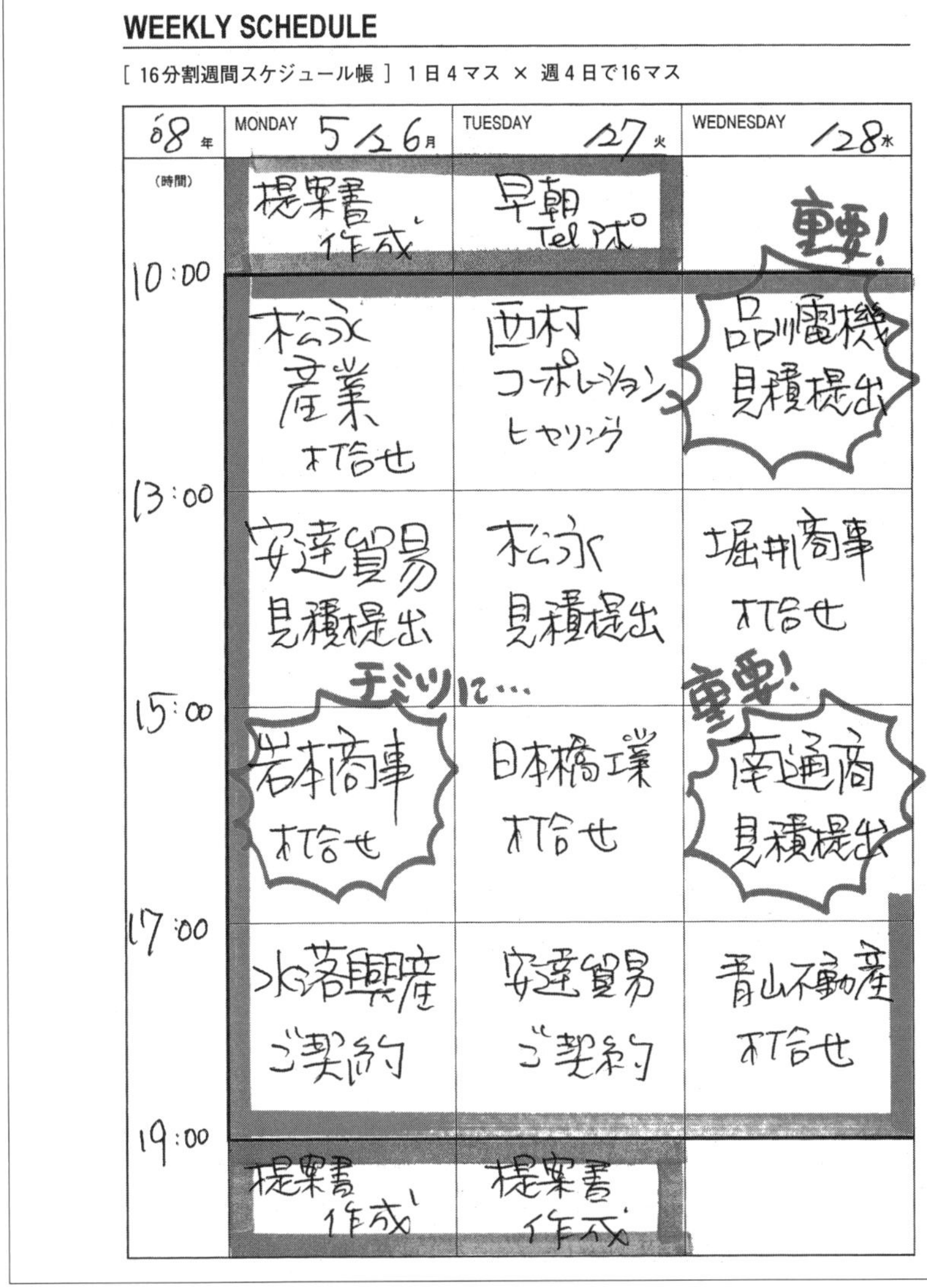

「市販の手帳」を使った場合（午前10時開始の例）

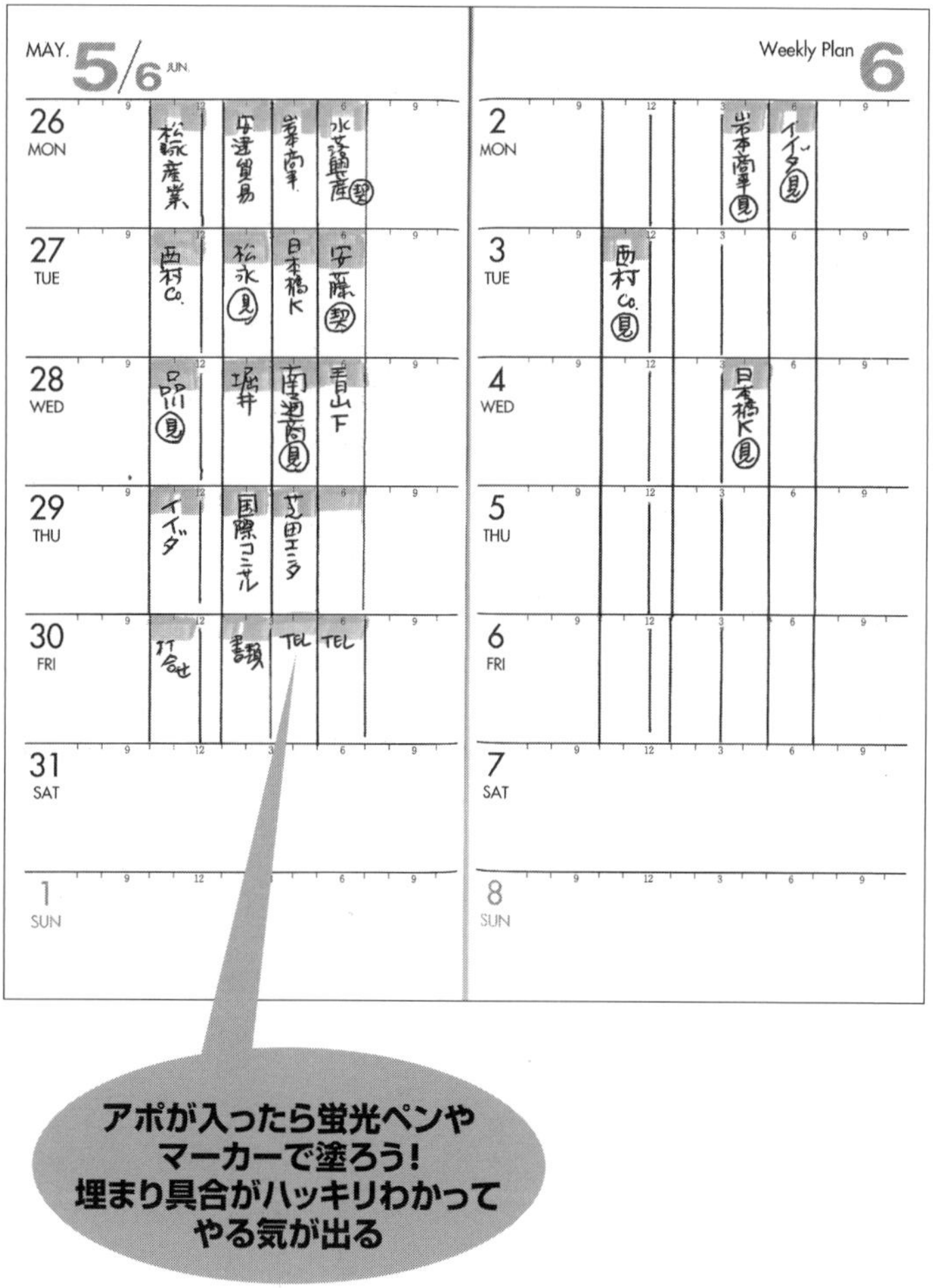

れらは聖域時間外を利用します。

私の場合、**月曜〜木曜までの16マス（4マス×4日分）を聖域時間**に当て、このうち15マスをアポで埋めます。金曜の4マスは予備として使っています。

1週間に聖域時間を16マス設定することが大切なので、設定日は月曜〜木曜でなくてもかまいません。

扱っている商品、対象としているお客様によっては、土日がメインになる人もいるでしょう。その場合は、聖域時間が土日に設定されます（↓82〜83ページ）。

会社によっては、定例のスケジュールが入っていることがあります。

たとえば、月曜の午前中は部署ミーティングと決まっているなどのケースです。その場合には、金曜の予備マスを使って16マスの聖域時間をキープします（↓84〜85ページ）。

■週の終わりまでに、翌週のマスを全部アポで埋めることに全力を集中しよう！

THURSDAY 7/17 木	FRIDAY 7/18 金	SATURDAY 7/19 土	SUNDAY 7/20 日
	提案書作成	提案書作成	
支店ミーティング 勉強会	宇野社長（日本橋）	石野家（横浜）	野田家（市川）
提案書準備	岡田専務（銀座）	井上家（川崎）	佐々木家（船橋）
花岡氏（丸の内）	笠原社長（新橋）	水野家（川崎）	土屋家（小岩）
飛び込みトライ！	同上	杉山家（蒲田）	同上
田村家（杉並）	飲み会		大内家（亀戸）

早めにスケジューリングに着手すれば、アポの場所をまとめやすい
移動時間を極力少なくするのがポイント！

聖域時間が土日の場合（午前9時開始の例）

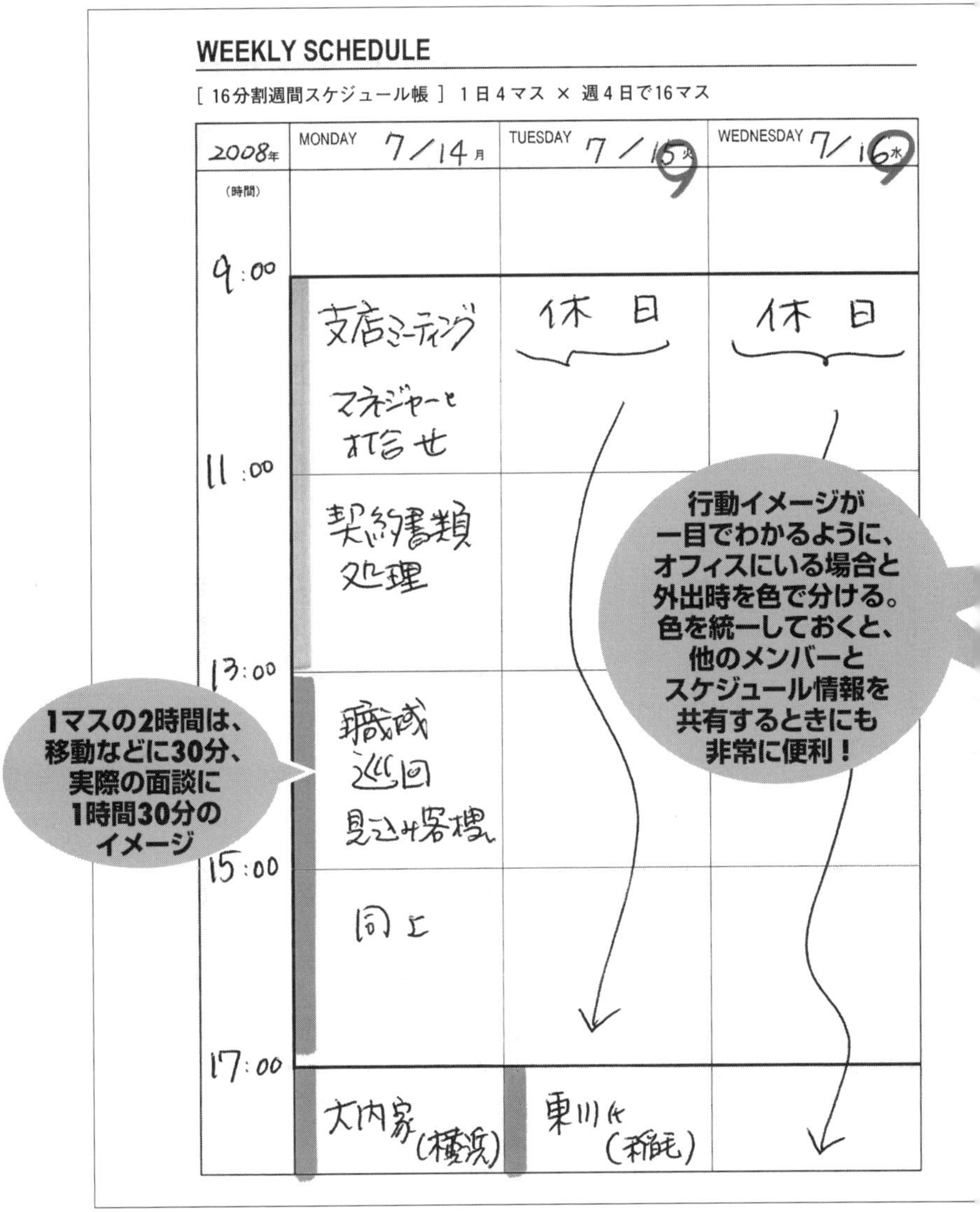

WEEKLY SCHEDULE

[16分割週間スケジュール帳] 1日4マス × 週4日で16マス

2008年 (時間)	MONDAY 7/14月	TUESDAY 7/15火	WEDNESDAY 7/16水
9:00	支店ミーティング マネジャーと打合せ	休日	休日
11:00	契約書類処理		
13:00	職域巡回 見込み客探し		
15:00	同上		
17:00	大内家（横浜）	東川氏（新宿）	

> 1マスの2時間は、移動などに30分、実際の面談に1時間30分のイメージ

> 行動イメージが一目でわかるように、オフィスにいる場合と外出時を色で分ける。色を統一しておくと、他のメンバーとスケジュール情報を共有するときにも非常に便利！

■週の終わりまでに、翌週のマスを全部アポで埋めることに全力を集中しよう！

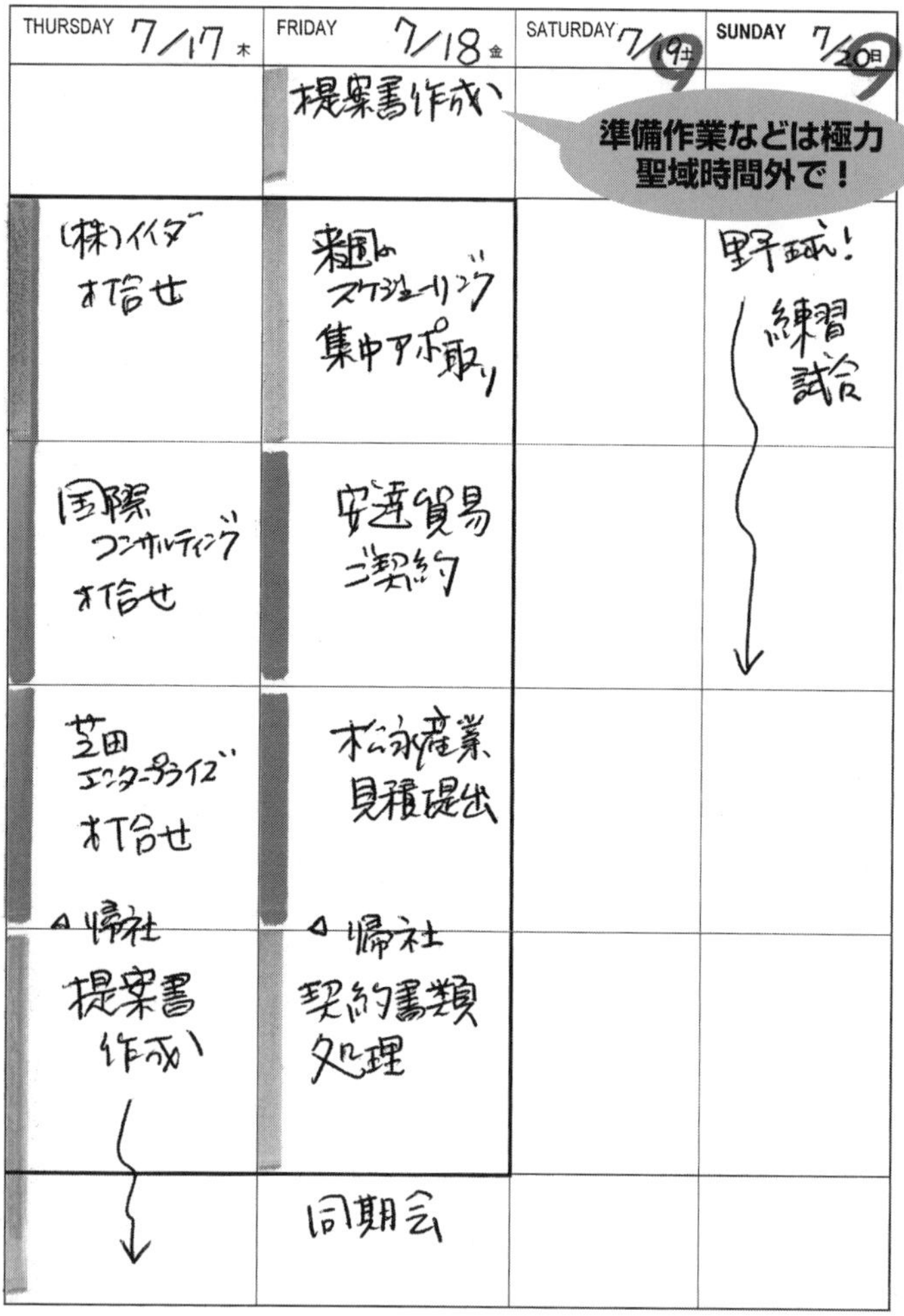

月曜に定例ミーティングがあり、金曜の予備マスに商談を入れる場合（午前9時開始の例）

WEEKLY SCHEDULE

［ 16分割週間スケジュール帳 ］ 1日4マス × 週4日で16マス

2008年	MONDAY 7/14 月	TUESDAY 7/15 火	WEDNESDAY 7/16 水
（時間）			
9:00	朝礼 営業所ミーティング	西村コーポレーション ヒヤリング	品川電機 見積提出
11:00	部内営業会議	松永産業 打合せ	堀井商事 打合せ
13:00	1330 岩本商事 打合せ	日本橋工業 打合せ	南通商 見積提出
15:00	16⁰⁰ 水蕗興産 ご契約	安達貿易 見積提出	青山不動産 打合せ
17:00	同会食	見積書 集中作成	フィットネス!!

プレッシャーに負けそうになったときはどうする?

営業マンは16マスにお客様との面談のアポを入れていきます。

アポを取ることに集中して、週末までに翌週の16マスの中をアポで埋めます。

人間には空欄があると埋めたくなるという心理が働くので、スケジュールの穴埋めゲームのような感覚でやり始めると意外に楽しいものです。

翌週の16マスを見ながら、「水曜午後に1マス空いている。よし、○○さんに電話してみよう」などと空欄を埋めていきます。

アポ取りのプレッシャーに負けやすい人は、1日のうちで気分がジェットコースターのように変わる営業マンの特性を利用したらいいでしょう。

電話1本、メール1通で「やったー」とガッツポーズできるのがこの仕事の特性（もちろんその逆もあり）です。

ですから、それを利用して「やったー」の気分のときに、まとめて電話でアポ取りしておくのです。これが意外に効果的です。

気分が高揚しているときは電話の相手もそれに感染します。ここぞとばかりに心理的障壁の高い見込み客に電話してしまいましょう。そして成果を拡大するのです。

さてここで、トニー・ゴードンという人物について触れたいと思います。

トニー・ゴードンは、世界の保険業界では知らない人はいないほどの超有名人です。彼は高校を中退して、数々の職業を転々とした後、保険営業の職に就きます。最初の7年間はまったく売れませんでしたが、8年目以降に突如業績を伸ばし始めます。その上昇カーブは凄まじいものでした。

保険業界には、「ＭＤＲＴ（Million Dollar Round Table）」という組織があります。優秀な保険営業マンが集まる組織で、保険営業マンなら誰もが目指す世界選抜のようなグループです。その中でも、さらに上位者だけを集めた「ＴＯＴ（Top of the Table）」というものがあります。

当時は世界中で６００人ほどしか到達できない狭き門です。

トニー・ゴードンは、その「ＴＯＴ」の基準を31年間連続でクリアした伝説的な人物です。

彼が売れない営業マンだった頃、営業所長から「週15面談をこなせば、必ずうまくいく」と言われたそうです。

さらに彼は、今週の終わりまでに、来週の面談のアポを取るというルールを加え、アポ取りをしました。予備日である**金曜を集中的にテレアポする日**と決めていたそうです。彼の著作の中に、ほんの少しだけそのことが書かれていました。私はそこから着想を得て、自分なりのやり方を工夫していったのでした。

1週間分のマスを埋めるのはとても大変でした。

まずは手持ちの見込み客を総動員して何とかアポを埋めていきます。

商談は通常1回では終わりませんから、2回目以降のアポで、まずは翌週のマスを埋めます。しかし、足りない分は新規の見込み客で埋めていかなければなりません。

「できなかったらハードルを下げてもいいんです！」

それでも最初の1、2週間はまだ何とかなりました。

しかし、3週目くらいからはもう大変です。見込み客は次から次へと営業プロセスのべルトコンベアに乗せられていきますので、どんどん消費されていき、あっという間に枯渇してくるからです。

どうしようもなくなった私は条件を緩くすることにしました。

すなわち、今週のうちに来週のアポを埋める、という大原則を崩し、**週後半のアポはその週になってからでもよい**ことにしたのです。

翌週前半のマスを埋めておき、後半のマスは月曜、火曜のうちに埋めて、最終的に週15面談できればいいとしました。

この方法を長続きさせるコツも習得しました。

それはとにかく**今週のうちに、来週の月曜と火曜のアポを埋める**、それも可能な限り詰め込むことです。

そうすると、それらから派生したアポで後半のマスが埋まりやすくなります。

週の初めは気分が乗らないので、とかくアポが少なめになりがちですが、それを許してはいけません。前週の気分の乗っているうちにエネルギーを集中してそこを埋めてしまうのです。

ただ、月曜、火曜は埋まっても、それ以降が埋まらない状況がしばらく続きました。

■週の終わりまでに、翌週のマスを全部アポで埋めることに全力を集中しよう！

THURSDAY /29 木	FRIDAY /30 金	SATURDAY /31 土	SUNDAY 6/1 日
(株)イイダ 打合せ			
国際コンサルティング 打合せ			

新人やキャリアの浅い人は、「週10面談」をまずは目標にしてみよう

新しいことにトライしていることを前向きに評価しよう（午前10時開始の例）

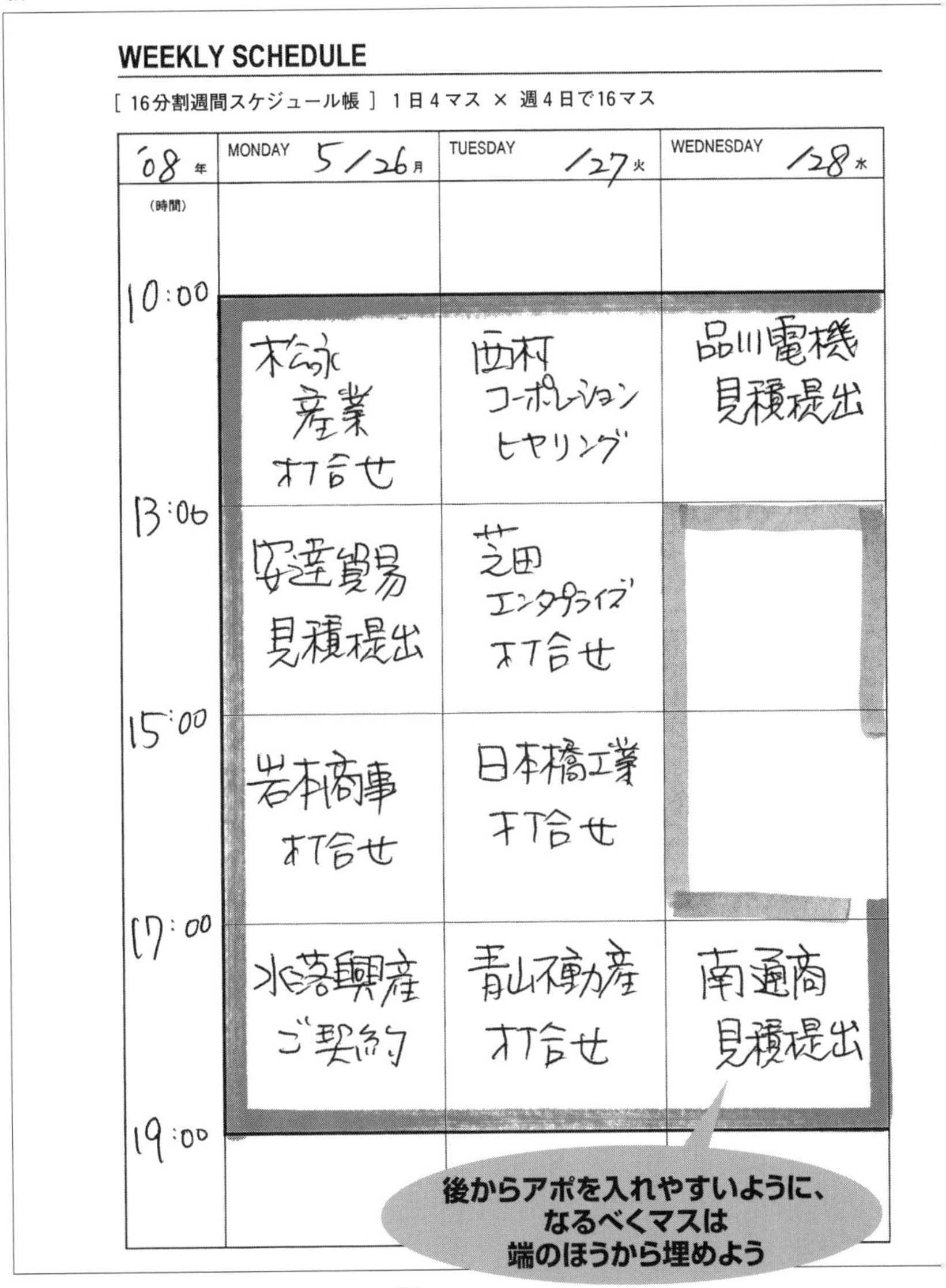

そんなときは、月曜に実際に面談を重ねながら、水曜以降のマスを埋めるよう、あらゆる手を尽くします。私が効果的だと思ったのは、面談の中、あるいはその前後にアンテナを張って、新しい商談の芽を見つけるというものです。次回のアポを必ずいただくのは当然として、話を聞いてくれそうな人の話題が出たら、その方をご紹介いただきます。

そして、いよいよマスが埋まらないときは、**夕方に集中的にテレアポ**をします。そんなときの電話は、こちらの声に迫力があるので、たいていすぐにアポが取れました。要は、行動するか、あきらめて見送るか、ということです。

これにより、徐々にですが、後半に走り回って帳尻合わせをする回数も少なくなり、継続しやすくなっていきました。

前週にアポを埋めてしまう原則をがんばり通せないのは、がんばるエンジンを搭載した一流営業マンと私のような凡人営業マンとの差としか言いようがありません。

しかし、それでもいいじゃないですか。

できなかったらハードルを下げてもいいんです！

新しいことにトライしている、そしてそれを続けようとしていること自体を前向きに評価しましょう。

続けさえすれば必ずチャンスはやってきます。私の場合もこれだけハードルを下げても大きな成果があがったのは前述のとおりです。

「マスを越えてがんばってはいけない」

マスについては、2つのルールがあります。それは、

① マスのゴールをハッキリさせる
② マスの中でベストを尽くす

です。

まず、「①マスのゴールをはっきりさせる」についてお話しします。

何の準備もなく訪問し、先方とおしゃべりして帰ってきてしまう営業マンがいます。これは訪問しても「何をするか」が決まっていないからです。

お客様と面談するとき、多くの営業マンは商談を「一歩進める」ことを考えるでしょ

う。でも、「一歩進める」というだけではあいまいです。

それぞれの面談は、お客様も進捗状況も違います。アプローチ段階なのか、本格的なプレゼンをするのか、あるいはクロージングするのか、それぞれの面談の具体的なゴールを決めておきます。

次に「②マスの中でベストを尽くす」についてお話しします。

私は**「1マス＝2時間」を移動などに30分、実際の面談に90分**と考えています。

移動などの30分では、マスのゴールに到達するために、面談の90分をどのように使うかを考えます。こうすることで90分の面談が有効なものになります。

設定したゴールは、マスの中で到達するようベストを尽くします。

でも、**マスを越えてまで、がんばる必要はありません**。

たとえば、クロージングをゴールにしていたのに、マスの中でクロージングできなかったとします。その場合、マスを越えては粘りません。キッパリとあきらめて、次回の面談日時を決めます。

たとえるなら、部屋がきれいになるまでがんばって掃除するという発想ではなく、**10分だけがんばって掃除しよう**という発想です。

「週15面談」を続け、劇的に営業成績があがった人たち

私のセミナーでは出席している営業マンに週の面談数を訊ねます。そうすると、面談数と成果が見事に比例しているのがわかります。成績がよくない人の面談数は7～8件、比較的売れている人で10～12件というところです。

マスが事前に埋まっていると、「この時間は何をしよう」と迷うことがありません。あれこれ考える無駄な時間をなくし、即行動できます。

「16分割週間スケジュール帳」を使って週15面談を続けていると、営業成績はどんどんあがっていきます。面白いように**劇的にあがる**のです。

建設会社で営業マンのMさんは、このツールによって自分の営業スタイルを確立しました。

「適当に時間を使っていた頃は、『これでいいのか?』という思いがいつもありました。周囲の雑音に惑わされることも多く、自分の営業スタイルをなかなか確立できませんでし

た。成果でなく行動を管理するようになり、不安がなくなりました。ツールを見て、アポが入っていないと気持ち悪いようになり、自然と積極的に行動できるようになりました」

税理士のUさんは、無駄な時間が減ったと実感しています。

「ダラダラ仕事をすることがなくなりました。週の終わりまでに、翌週のマスを全部アポで埋めるまでには至っていませんが、アポが入っていない日は罪悪感を覚えるようになり、緊張感を持って仕事ができています」

外資系保険会社営業マンのSさんは、すでに大きな成果をあげています。

「完全歩合制営業をやっていけるか不安でしたが、とにかく週15面談しようとだけ考えてやってきました。すると**社内4000人中4位**という成績を収め、**年収5000万円**を超えました。いまでは、大量に行動すれば必ず効果が得られるという確信があるので、余計なことを考えず、**翌週のマスをアポで埋めることだけに集中**しています」

また、**外資系保険営業マンから独立系保険代理店の営業担当役員に転職したSさん**は、「マス目を埋めることに集中することで仕事の生産性が驚くほどあがりました。代理店になって2年目ですが、**成果は3倍以上**になりました」

彼1人で稼ぎ出す新規契約の保険料収入が**年間1億円に迫ろうかという勢い**です。以前は、

「持てる力の70%くらいしか出さず適当に流すような仕事のやり方だった」

Sさんは、いまや押しも押されもせぬ経営の柱となっています。

午後4時に帰宅するダントツ営業マン?管理職・経営者にも使える!

トップセールスと言うと、夜も週末もハードに働くイメージでしょうか。

しかし、私はそういうスタイルと一線を画してきました。子どもが生まれてから夜は家族と食卓を囲みますし、週末は原則として仕事をしません。お酒も飲めず、ゴルフもしないので、とにかく平日午前9時~午後5時の仕事の生産性をとことんあげて、成果をあげるやり方に徹してきました。

私の考え方に影響を与えたのは、アメリカのある営業マンでした。

■週の終わりまでに、翌週のマスを全部アポで埋めることに全力を集中しよう！

THURSDAY 7/17 木	FRIDAY 7/18 金	SATURDAY 7/19 土	SUNDAY 7/20 日
		↑ ひとり作戦	ゴルフ
新商品企画打合せ	来週のスケジューリング集中アポ取り	会議 ↓	←
同上 協力会社と打合せ 具体的指示出す	今週の積み残しタスク一掃		↓
日本コマースセンター訪問（今野さんと同行）	↓		↓
鈴森企画、水野部長ヒヤリング（今野さんと同行）	来週のアポイント準備		↓

1人で考える時間は必ず確保。私の場合、1週間で最もヒラメキが多く降ってくるのがこの時間帯！

管理職・経営者のための応用形（午前9時開始の例）

WEEKLY SCHEDULE

［ 16分割週間スケジュール帳 ］ 1日4マス × 週4日で16マス

2008年	MONDAY 7／14 月	TUESDAY 7／15 火	WEDNESDAY 7／16 水
（時間）			
9:00	スタッフとのミーティング 定例報告受ける	メルマガ ブログ執筆	セールスレター文案練る
11:00	↓	南専務来訪 そのままランチ	11:30 冨永税理士来訪 決算打合せ そのままランチ
13:00	14^{00}〜 田村コーポレーション 田村社長打合せ	13^{30}〜 笠原貿易 笠原社長とプレゼン	河合コミュニケーション 森専務とヒヤリング
15:00	16^{00}〜 竹田産業、ご挨拶	青山出版 寺田氏と打合せ	(株)アジャスト 渡辺社長と打合せ
17:00	笠原社長プレゼン準備		そのまま会食

業態によってコア業務は変わる

管理職の場合、スタッフとの打合せはコア業務私がMDRT日本会の大会委員長を担当していたとき、日本での大会のゲストとしてアメリカからアンドリュー・ロードというトップ営業マンを招きました。全米でも有数の業績をあげていた彼は4人の子どもの父親です。

子どもたちと一緒にすごせる時間を精一杯楽しむために、平日の仕事の生産性を極限にまであげることにより、何と**毎日午後4時には帰宅する**というのです。もちろん、週末には家族ですごすため、仕事をしません。

私は、「16分割週間スケジュール帳」を使って徹底的に彼のマネをしてみました。その結果、前述のようにそれに近いことができるようになったのです。ですから、これは**あなたの好むライフスタイルを実現するツール**でもあるのです。

マネージャーになると、管理的な仕事が増え、16マスすべてを面談で埋めることはなくなります。

面談とは別に役職に応じたコア業務があり、立場が変われば、「聖域時間」の使い方も変わります。私自身も経営者になって、「16分割週間スケジュール帳」の使い方がずいぶん変わりました（↓98〜99ページ）。

現在、私の「16分割週間スケジュール帳」は、日中の4マスに加えて、朝と夜にそれぞれ1マスずつ入っています。

しかし形は変わっても、考え方や使い方は「16分割週間スケジュール帳」と変わりません。すなわち、**行動に焦点を当てる**こと、それぞれのマスで**到達するゴールを決める**こと、**マス内でベストを尽くす**ことに集中します。

「16分割週間スケジュール帳」は、営業マンだけでなく、**あらゆる職種、役職の人**が利用できます。

1つ注意したいのは、事務系の仕事の場合、営業系における面談数のように、成果に直接影響を及ぼすコア業務が何かを見つけ出す必要があるということです。上司と話し合ったり、職場で議論したりして、ぜひそれを見つけ出してください。そして、コア業務に沿ってマス目の中でどこまで達成するのか、あらかじめ決めておきましょう。

なぜ、営業経験ゼロの若手でも、営業成績が5倍になったのか？

私はセミナーで「16分割週間スケジュール帳」の使い方をお話しします。

すでに5000人以上が受講していますが、中には社会人1年目の新人や営業経験の浅い方もいます。

新人のうちから「16分割週間スケジュール帳」を使うことで、自然と大量行動ができるようになります。これはとても価値のあることで、その後、長く仕事を続けていく自分への大きなプレゼントとなります。

私の会社の若手営業のYさんは、元々不動産関連の営業をしていましたが、私の会社で初めて保険営業をしています。

保険営業は未経験でしたから、最初は私に同行して営業トークなどの基本ノウハウを学び、その後1人で営業するようになりました。保険営業に慣れた頃、「16分割週間スケジュール帳」を使ってもらいました。その際、私はYさんに、

「売上や受注件数については問いません。ただ、週15面談だけは守ってください」

と言いました。

Yさんが「16分割週間スケジュール帳」を使う前の月間売上（数値は新規保険契約の初年度手数料）は、

06年6月　18万7016円
06年7月　13万2547円
06年8月　11万4866円

でした。

それが「16分割週間スケジュール帳」を使い始めた3か月後、業績が一気にあがり始めたのです。

保険営業の成績は月ごとにバラツキが出やすいので、最初は静観していました。

当初は目先の契約の刈り取りに夢中になり、新たな案件の仕込みを忘れたので12月に1度急激に下がったものの、その後は高いレベルで推移し、「16分割週間スケジュール帳」を取り入れる前に比べると、**営業成績5倍、外資系生命保険A社の平均値の2倍以上**を稼ぐようになりました。

06年11月　108万1515円
06年12月　9万1680円
07年1月　89万1044円

07年2月　84万3514円

「16分割週間スケジュール帳」導入前　平均14万4810円

導入後　平均72万6938円（外資系生命保険A社の平均値約32万円）

Yさんは営業の仕事だけをやっているわけではなく、ウェブサイト（「大坪勇二のせぇるす侍」http://www.s-samurai.com/）の制作もやっています。そうした状況で、**外資系生命保険A社平均の2倍**を稼いだのです。

Yさんは「16分割週間スケジュール帳」で行動管理したために、苦もなく大量行動することができ、大きな成果に繋がりました。

行動に焦点を当てたスケジューリングは、それほど大きな影響力を持っています。

新人や経験の浅い方は、ルールをアレンジしてもよいでしょう。

一般の営業マンには「週15面談」を薦めますが、新人にいきなりそれを求めるのは難しいでしょう。「週15面談」は経験を積み、成長してからでも十分です。

たとえば、面談数を「週10面談」と少なくします。あるいは面談の定義を緩くします。

本来は、「お客様と向き合って座って話すこと」が面談ですが、立ち話でも、

「今度、保険の話を聞いてください」

「お客様をご紹介ください」

と言えれば、それも面談と認めるなどです。実力がついてくれば、また少しずつ基準をあげていきます。

「ひとりメシ禁止令」「予備日を作らず1日3面談×5日」——オリジナルのルールを

その一方で、私は「**ひとりメシ禁止令**」というルールを追加しました。

要するに、ランチは必ず誰かと食べなければいけないというものです。

そうすることによってマーケットとの接点が増え、有効面談を稼ぐチャンスもそれにつれて増えていきます。

当社の若手営業マンのYさんは今日も午前中はネットの仕事に集中し、11時半には営業カバンを抱えてそそくさとランチに飛び出していきます。

外資系保険会社営業マンのMさんは、1日4面談は厳しいので、**予備日を作らず1日3面談×5日**にしています。

さらに、**「週1件契約をいただく」**というオリジナルルールを追加しました。

Mさんが私のセミナーに出てきた頃は、成績・収入ともにどん底の状態でした。

セミナー後に彼からいただいたお礼状には、「セミナー参加費に使った1万円は今月私が使える最後の1万円でした」と書いてありました。

私のほうがそれを読んで心配でオロオロしてしまったほどです。

ところが3か月経った現在では、彼と連絡を取るのも難しいほど、仕事のアポでいっぱいの状態です。

「ツールを社内で共有→チームが活性化」

「16分割週間スケジュール帳」を社内やチームで共有すると、行動量の多いチームができます。

「16分割週間スケジュール帳」をコピーし、自分の机の前や、共用のホワイトボードに貼っておきます。

今週のスケジュール、翌週のアポの埋まり具合が社内に公開されていると、社内やチームによい緊張感が生まれ、積極的に行動するようになります。**成果ではなく行動量を競う**のです。

外資系メーカーの営業マネージャーであるKさんは自分の営業チームに、「16分割週間スケジュール帳」を導入し、部下の行動改善を図っています。

「このツールを使う前は、どうしても思いつきでスケジュールを組んでしまうところがありました。そのため行動にムラが出るという問題がありました。モチベーションの高いときには積極的に行動できて成績もあがりますが、モチベーションが低くなるとさっぱりでした。

ツールを使い始めると、1か月ほどで自然と行動管理ができるようになりました。最近は、社外での行動はもちろん、社内での行動でも時間の使い方を意識する必要があると強く感じています。

私だけでなく、部下にもツールを使ってもらうと、目に見えて行動が改善し、営業成績があがりました。**仕組みがとても簡単で理解しやすい**ので、部下も楽しみながら使っています」

ピンクとオレンジの蛍光ペンで行動をマーキング

また、社内やチームで、お互いの行動を把握できるというメリットもあります。

私の「16分割週間スケジュール帳」は、**蛍光ペンで色づけ**されています（↓巻頭口絵ⅳ～ⅴページ）。

外出しているマスはピンクのマーカーで塗る、**社内にいるマスはオレンジ**のマーカーで塗ると決めて、行動を社員と共有しています。

私は自分の「16分割週間スケジュール帳」を自分の机の前に貼っているので、社員はそれを見れば、私がいま何をしているのかがわかります。

「16分割週間スケジュール帳」は行動管理の優れたツールです。

成績があがらないと営業マンは、「自分の活動は正しいのか？」と不安になるものですが、マスを埋めて面談をこなしていけば、自然と営業成績はあがります。不安を払拭し、自然と積極的な行動を促すのは、このシートの特徴です。

さて、顧客との面談数と成果が比例することは知られていますし、実際に週や月当たりの面談数などの具体的な目標数値を掲げている会社も少なくありません。

それなのに、その大部分が機能していないのは、はっきりとした理由があります。

どんどん減っていく見込み客を補給できないからです。

その結果、志空しく挫折してしまうのです。

つまり、見込み客を作り出す方法とセットでないと、この手法は絵に描いた餅なのです。

次章では、見込み客を作り出す方法を詳しくお伝えしていきます。

第1章のまとめ

消極的な自分が積極的な自分に変わる!

「16分割週間スケジュール帳」活用術

目的

●成果に焦点を当てず、行動に焦点を当てて管理する
●マスは「聖域時間」であり、コア業務（営業マンなら面談）を行う時間を確保できる

使い方のポイント

●1日4マス、1週間16マスの聖域時間を作る（1日は予備日）
●マスごとにテーマを決め、ゴールを設定する
●マスの中でベストを尽くし、ダラダラと継続しない

効果

●行動に焦点を当てた時間管理ができる
●次に何をするか迷わなくなる

第2章

月収1万倍仕事術②

普通ではありえない幸運を引き寄せる！「1日20ポイント獲得シート」

「16分割」と「1日20ポイント」を同時に使う

「16分割週間スケジュール帳」を使うと、数多くの面談（コア業務）が自然に行えるようになります。それに加えて、「1日20ポイント獲得シート」（↓117～118ページ）を使うと、毎日の活動を高い水準でキープでき、コミュニケーション量が増えて、見込み客を増やす効果があります。

2つのシートを一緒に使うと、営業マンにとって理想的な状況が生まれます。自然に大量行動ができ、結果として、売上が増え、かつ案件が途切れなくなります。

この方法は、MDRT（Million Dollar Round Table）の元会長であるジーン・マーン氏がセミナーで語っていたノウハウを自分流にアレンジしたものです。

「1日20ポイント獲得シート」の仕組みは簡単です。営業マンの行動をポイント化し、「1日に何点取れたか」を集計します。

たとえば、行動とポイントは次のようになります。

・契約をいただいた……………4ポイント
・お客様と面談した……………3ポイント
・アポが取れた…………………2ポイント
・お客様と電話で話した………1ポイント
・紹介をいただいた……………1ポイント

あなたの昨日の活動を振り返ってみてください。
もしお客様との面談を2件行い、契約が1つ取れたとしたら、

・お客様と面談した…………3ポイント×2＝6ポイント
・契約をいただいた…………4ポイント×1＝4ポイント

で、合計10ポイントになります。

「1日20ポイント獲得」をゲーム感覚で

「1日20ポイント獲得シート」ではその名のとおり、1日20ポイント獲得を目指します。実際に使ってみてわかりましたが、20ポイントという設定が絶妙なのです。

「16分割週間スケジュール帳」を使っている人なら、1日に3〜4つの面談が入っています。

・お客様と面談した…………3ポイント×4＝12ポイント

この4つの面談のうち2件については次回の面談のアポが取れ、1件の面談では別のお客様を紹介してもらえたとしましょう。

・アポが取れた…………2ポイント×2＝4ポイント
・紹介をいただいた…………1ポイント×1＝1ポイント

これらを集計すると、17ポイントになります。20ポイントにあと3ポイント足りないので、夕方からお客様に電話をして、3人と話します。

・お客様と電話で話した…………1ポイント×3＝3ポイント

これで20ポイントになります。

これは**「簡単ではないけど、ちょっとがんばればできる」**ラインです。

仕事でも遊びでも、「簡単ではないけど、ちょっとがんばればできる」というのが一番面白いレベルです。

私はゲーム感覚で、「1日20ポイント獲得シート」をつけています。

夕方になって「あと3点でクリアできるぞ。よし、◯◯さんに電話してみよう」という感じです。

昼休みにゲームの途中経過を知る

「1日20ポイント獲得シート」を使う場合、昼休みに「いま何ポイント獲得したか」「今日何ポイント獲得できそうか」と確認します。

これはゲームの途中経過を把握するためです。

夜になってから、「あと10ポイント足りない」と気づいても、ポイント獲得のためにできることは限られてしまいます。

昼休みの段階で、「20ポイント獲得するのが難しそう」とわかっていれば、面談へ向かう途中、歩きながらお客様と電話で話して1ポイント獲得したり、面談の帰りにお客様のところへ顔を出して、紹介してもらえる人がいないか聞いたりできます。もし紹介してもらえれば、1ポイント獲得です。

このように、「簡単ではないけど、ちょっとがんばればできる」レベルの1日20ポイントを目指すことで、行動が自然に生まれます。

これは、「16分割週間スケジュール帳」と合わせて、市販の手帳を活用してもできます

「1日20ポイント獲得シート」の基本フォーマット

ACTION POINT

［ 1 日20ポイント獲得シート ］目標ポイントを達成しよう！

No.	／　／　（　）　行動	ポイント	回数	計
1.				
2.				
3.				
4.				
5.				
6.				
7.				
8.				
9.				
10.				
↓　大変だ！足りない！！何をする？　↓				
11.				
12.				
13.				
14.				
15.				
合計		ポイント		
備考				

「1日20ポイント獲得シート」の活用例

ACTION POINT

［ 1日20ポイント獲得シート ］ 目標ポイントを達成しよう！

No.	2008／4／3（木） 行動	ポイント	回数	計
1.	着座で面談した！	3	2	6
2.	アポイント取得した！	2	2	4
3.	契約した！	4	0	0
4.	立ち話でも会って保険の話をした	1	1	1
5.	紹介をもらった！	1	0	0
6.	ランチを知人を食べた！	1	1	1
7.	夕食を知人と食べた！	1	1	1
8.	お礼状を出した！	1	0	0
9.	ランチのアポを取得した！	1	2	2
10.	知り合いのいる会社に訪問	1	0	0
	↓ 大変だ！足りない！！何をする？ ↓			
11.	電話で相手と話した。	1	4	4
12.	つながらない人にはメールした	1	1	1
13.				
14.				
15.				
	合計	20 ポイント		

備考

市販の手帳を活用した「1日20ポイント獲得シート」例

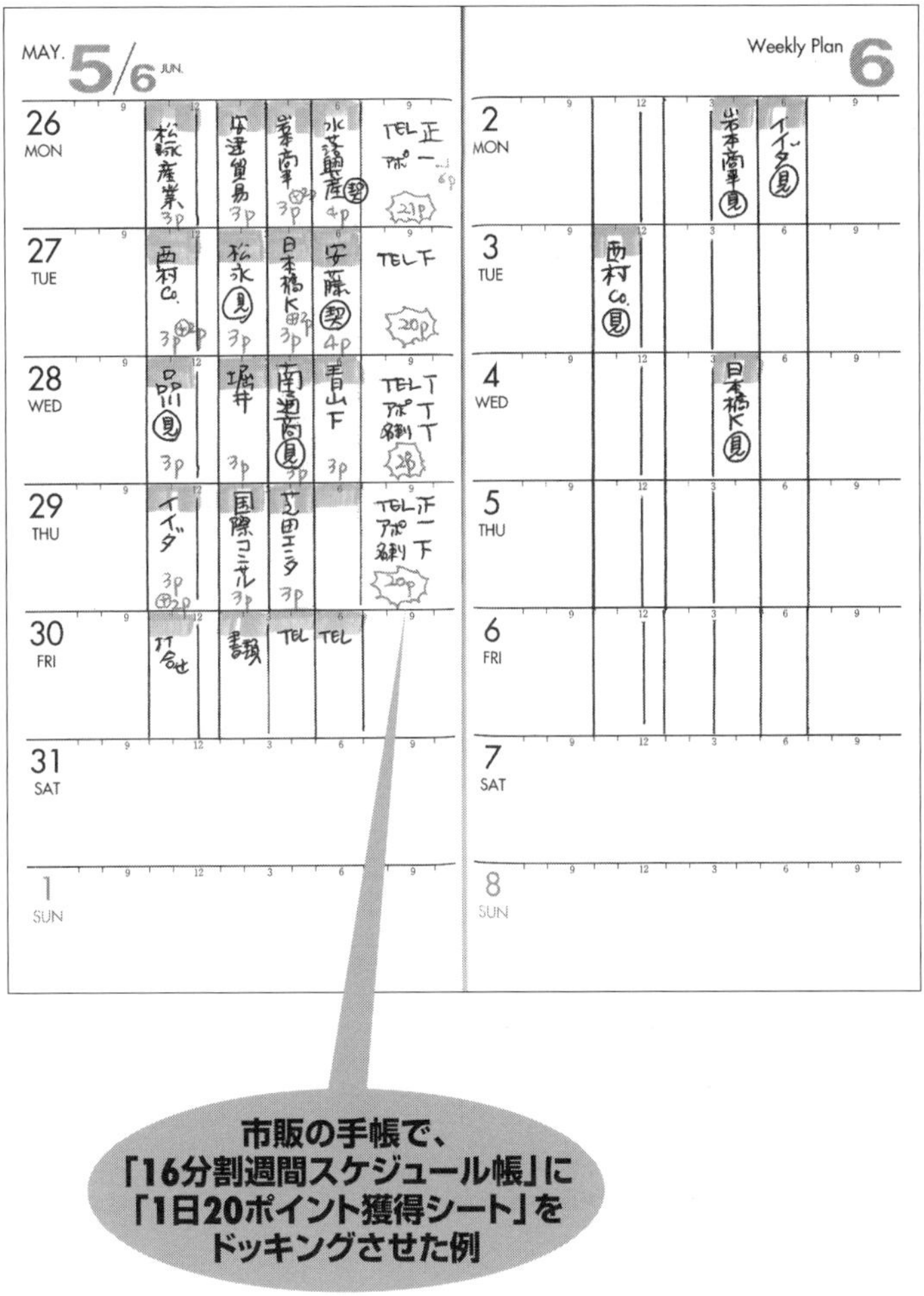

**市販の手帳で、
「16分割週間スケジュール帳」に
「1日20ポイント獲得シート」を
ドッキングさせた例**

（↓119ページ）。

お客様との面談中に、「次回の面談アポを取って2ポイント獲得しよう」とか、「単なる立ち話になるところをご紹介依頼の話を振って面談にレベルアップして3ポイントを稼ごう」とか、「ポイントが足りなそうだから、お客様に電話をして1ポイント獲得しよう」などと、あと一歩だけ前に進もうとする習慣が大事です。その習慣を持っている人と、スケジュールをこなしてそのまま帰るような人とでは、1年も経つと取り返しのつかないような差になってきてしまうのです。

ロビーのソファーで待ち伏せ作戦——仕組みに脳みそを預けて大成功

効率的にポイントを稼ぐためによく私がしたのは、見込み客や既契約者の多い前職の会社のロビーで待っていることです。

ロビーのソファーに座って、歩いてくる顔見知りに声をかけ、時間がありそうだとわかれば立ち話に持ち込みます。

「いやー、私から保険の話を聞いてくれそうな人、周りにいません?」

などと振ることができれば面談に昇格ですから、ポイントを獲得できます。

こうしていると、あっという間にポイントを稼ぐことができるので、夢中になってやっていました。そのときに気づいたのです。**前職の会社で顔をさらして元同僚に声をかけることがあれほど苦痛だったのに、いまの自分は平気でこなしている! しかも嬉々として!**

これこそが仕組みの強さです。

「ポイントを稼ぐ」ことにフォーカスして、仕組みに脳みそを預けて夢中で行動しているうちに、気がついたら私自身たくましく成長していたのでした。

「落ち込んでいてもスイスイ行動できる」

「1日20ポイント獲得シート」を使うと、毎日の行動量を高い水準でキープすることができますから、行動量のムラは自然となくなります。

「1日20ポイント獲得シート」も「16分割週間スケジュール帳」も仕事の結果ではなく、

行動量に焦点を当てたものです。

契約や受注といった仕事の結果に焦点を当てていると、モチベーションの浮き沈みが大きく、それが行動量に影響を与えます。契約や受注は、必ずしも自分の思いどおりには進みません。調子よく契約が取れるときもあれば、うまくいかないときもあります。

午前中の面談で契約が取れた日は、気分よく仕事ができて1日の行動量が多くなりますが、思うように成果があがらないと、気分が落ち込んで行動量が減ってしまいます。

人間とは弱いもので、普通に仕事をしていても、少しずつ行動量は少なくなっていきます。調子の悪い日、調子の悪い時期はなおさらです。

営業マンなら誰でも経験しているでしょうが、飛込み営業をしていてひどい扱いを受けたり、契約一歩手前と思っていた案件が突然流れてしまったりして気持ちが落ち込んでいるときは、何もする気が起こりません。でも、何もしなければ、生産性はゼロです。

「1日20ポイント獲得シート」は、仕事の結果ではなく行動に焦点を当てているので、「お客様と面談した」「お客様と電話で話した」「アポが取れた」など、自分が行動すればポイントを獲得することができます。

お客様の意向は関係なく、**自分の力だけで**ポイントを獲得できます。

調子が悪くて契約が取れない日でも、お客様と面談したり、電話で話すことはできますから、ポイントを獲得することができます。

つまり、**気分や調子とは関係なく**20ポイントを獲得できます。そして、1日に20ポイントを獲得するということは、たくさんの行動をしているということです。

電話をかけ続けていれば、アポが取れる回数が増え、面談も増えます。そうなれば、契約・受注が増えます。自然に大量の行動ができ、結果として、売上がアップし、なおかつ案件が途切れなくなります。

どんなときでも、安定的にたくさんの行動を続けることができます。

すでに「1日20ポイント獲得シート」を愛用している**外資系保険会社営業マンのTさん**にこんな話を聞きました。

「目標とする成果にフォーカスしていた頃は、それが達成できないことにストレスを感じていました。でも、**結果ではなく行動**にフォーカスすることによって、成果そのものに一喜一憂しなくなりました」

「やることが明確、優先順位がはっきりする！」
——営業マン2人の感想

外資系保険会社の営業マンであるMさんは、**「やることが明確になった」**と言います。

「何の基準も持たずに日々仕事をしていた頃は、自分の営業活動が自己満足に終わっているのではないかという不安が常にあると同時に、どのように活動すればいいのかわからないという悩みもありました。『1日20ポイント獲得シート』は、わかりやすく、やることも明確。使ってみると不安を感じている暇がないくらい活動量が増えました。ゲーム感覚でやると、お客様へ電話するのが楽しくなります。しかも、2、3週間後には成績に現れ始めたので、自信を持って続けています」

同じく**不動産会社の営業マンのUさん**は、**仕事の優先順位がはっきりした**と言います。

「『1日20ポイント獲得シート』を取り入れる前は、日々の自分の行動量を把握できていませんでした。そのために、日によってかなりムラがあったと思います。それぞれの行動に点数をつけることで、今日はここまで仕事をしなければならないという意識が明確になり、仕事に対する執着心が強くなりました。現在は、翌日の重要課題（どのポイントを取るか）を3つに絞っています。おかげで優先順位がはっきりして、アポ設定など時間管理がうまくなりました」

「メッセージ入りの名刺で、コミュニケーション量が乗数倍に」

113ページで紹介した行動とポイント数は、かなり高いレベルです。行動とポイントは、自分のレベルに合わせて設定するとよいでしょう。

私は、「営業はメッセージの発信量が重要」と考えているので、2つの行動にポイントを与えています。

- **メッセージ入りの名刺を置いてくる……………1ポイント**
- **肉筆のはがきを送る……………………………1ポイント**

名刺は**「メッセージ入り」**という点がポイントです。

単に名刺を置いてくるだけなら、チラシを配布するのと変わりません。ご機嫌伺い、近況報告、最近得た情報など、何でもいいので個人的なメッセージを添えます。これは肉筆のはがきについても同様です。

私はメッセージの発信量やコミュニケーション量が、営業にとって大切だと考えています。

営業マンが業績をあげるために必要な要素は何でしょうか。

営業スキルも必要でしょうし、保険営業に関しては税理士やファイナンシャル・プランナーなどの資格を持っていることも大きな武器となるでしょうし、ある程度の経験を積んでいることも大切です。

しかし、最も大きな要素は**お客様とのコミュニケーション量**です。

私は、営業の成果を次のように捉えています。


営業成果＝（スキル×**コミュニケーション量の2乗**）＋資格

コミュニケーション量が「2乗」になっているところがポイントです。

私がソニー生命に入社したとき、営業経験ゼロだったことは、前述のとおりです。営業スキルはもちろんない、資格もない、経験もない、知識もない。そんな「ないない尽くし」の私でもコミュニケーション量を増やすことはできました。私が短期間で驚くような成果をあげられたのは、コミュニケーション量のおかげです。

だからこそ、私はメッセージ入りの名刺を置いてくるようにしています。

私はお客様に電話をかけるより、お客様の会社へ出向いて名刺を置いてくるほうが好きでした。

都心で活動していたせいもあり、同じビルや隣接するビルに、何人ものお客様がいます。そこを順番に訪ねて、メッセージ入りの名刺を置いてくるのです。

たとえば、「今日はあと2ポイント足りない」と思ったら、電車の中でメッセージを書き、お客様のところへ顔を出します。3枚メッセージ入りの名刺を置いてくれば、

- メッセージ入りの名刺を置いてくる…………1ポイント×3＝3ポイント

となります。

行動する人だけに与えられる神様のご褒美

お客様の会社へ出向いて名刺を置いてくるという行動が思わぬ幸運を生むこともありました。

たとえば、別の人に、「大坪さん、久しぶり」と声をかけられ、保険についての話になることがありました。もし座って保険の話ができれば、それは面談ですから3ポイント獲得です。

話をしているうちに、「○○さんに子どもが産まれた」「同僚が医療保険について何かわからないことがあったらしい」とか、「関連会社の△△社で役員改選があるらしい」「今度子会社を設立することになった」「総務部長は××さんだ」など大型契約につながるような重要な情報が得られることも少なくありません。

事実、私の見込み客のほとんどはこの活動によって得られたものです。

「ぜひ紹介してください」と頼んで、紹介を得られれば1ポイント獲得ですし、その場で連絡してくれてアポが取れれば2ポイント獲得です。

メッセージ入りの名刺を置いて1ポイント稼ぐつもりが、高得点になることも珍しいことではありません。

行動する人だけに与えられる神様のご褒美です。

私の場合、ほとんどの案件が、このように派生的に生まれ、それが結果的に大きな成果となりました。

これは私だけではありません。**国内保険会社営業マンのTさん**は、

「いままでは保全（契約者へのアフターフォロー）が発生したとき、手続き完了後にお客様へ連絡せずにすますことがありましたが、いまでは必ず電話をするようにしています。1ポイントを稼ぐためですが、その結果お客様との関係がよくなり、問合せなどの連絡が増えました」

と言っています。

同じく**文具メーカー営業マンのUさん**は、「お客様との接点を増やす方法を真剣に考えるようになった」そうです。

「ポイント獲得のために、ちょっとしたことでもはがきを書いてお客様に送るようになり

ました。お客様から返事をいただくことも多く、お客様との関係が深まっています。ポイントを積極的に集めようとしている時期には、お客様からいただく電話も増えているような印象があります」

「1日20ポイント」でマーケットの枯渇を防ぎ、見込み客を補充

「1日20ポイント獲得シート」には、毎日の行動を定量化することの他に、重要な役割があります。「16分割週間スケジュール帳」を使い始めた人は、決まって私にこう言います。

「最初は順調に翌週のアポが埋まったのですが、だんだん苦しくなってきました」

その気持ちはよくわかります。

私自身、「16分割週間スケジュール帳」を使い始めて3週間がすぎたころから苦しくなったのを覚えています。アポを入れたくても見込み客がいなくなってしまうのです。

「1日20ポイント獲得シート」には、それを補う働きがあります。

私は本章の冒頭で、「16分割週間スケジュール帳」と「1日20ポイント獲得シート」は一緒に使って欲しいとお話ししました。

その理由は、「1日20ポイント獲得シート」によって**マーケットの枯渇を防ぎ、見込み客の補充**をするためです。「16分割週間スケジュール帳」だけを使って、週15面談をこなしていると、見込み客はだんだん減ってきます。

見込み客を減らさないためには、お客様に電話をかけたり、お客様の会社に顔を出してメッセージつきの名刺を置いてくるなど、「1日20ポイント獲得シート」で20ポイントを獲得するためには、こうしたマメな行動が大切になります。

契約は4ポイント、面談は3ポイントと高得点ですが、それだけで20ポイント獲得することはできません。電話をかけたり、メッセージつきの名刺を置いてきたりという1ポイントの行動を積み重ねることで20ポイントを獲得することができます。こうした行動によって、見込み客を獲得することができます。

お客様に電話をかける、頻繁に顔を出すというのは、営業マンにとって非常に大切なことです。

しかし、1日に何件も面談をこなしていると、小さな行動が疎かになりがちです。それを防いでくれるのが「1日20ポイント獲得シート」です。ポイントを稼ぐための行動が、自然に見込み客を増やしてくれるのです。

すぐに断ってくれて「ありがとうございます」

営業マンにとってマーケティングは非常に重要です。同じ量の行動をしている人に差がつくとしたら、それはマーケティング能力の違いです。

営業マンにとって最も辛い瞬間とはどんなときでしょうか。

それは、相手から断られるときです。

同僚や先輩、あるいは商談を断った人が、「あなたの人格を否定しているわけではない。商談が受け入れられなかっただけだ」と慰めてくれます。

それは事実でしょうが、傷つくことに変わりはありません。

いかなる事情があるにせよ、相手から拒絶されるのは辛いものです。

断られ続けることで、営業職を辞めていく人をたくさん見てきました。

「この状況をどうにかすることはできないか?」と考え、私はマーケティングを考えるようになりました。

ほとんどの営業マンが見込み客リストを作っているでしょう。仮に100人の名前が見込み客リストに書かれていたとしましょう。

この場合、よくないアプローチは100人全員を説得しようとすることです。100人いれば、当然薦める商品を買わない人がいます。迷った末に買わない人もいれば、最初からまったく興味を示さない人もいるでしょう。

リストの100人すべてを説得しようとすると、どうしても「買わなかった人」に目がいってしまいます。失敗に注目し、見込み客リストから外れていく人を見ることで、より落ち込みます。

それはとても辛いので、私はまったく逆の発想に切り替えました。

それは見込み客リストから、いかに早く**「買わない人」を見つけ出すか**、です。

100人中100人が買うわけではありません。100人の中で買ってくれる人が1人ならば、他の99人の「買わない人」からなるべく早く断ってもらってその1人に早く出会おうという発想です。この発想の転換によって精神的な負担はずいぶん軽くなりました。

つまり、見込み客の中から「買わない人」を探そうと考えると、すぐに断ってくれる人はとても**ありがたい存在**になりました。

反対に最もイヤなのは、買うか買わないかあいまいな態度を取り続け、最終的に買わない人です。お互いの時間とエネルギーが浪費されるだけで、私の活動は一歩も前に進みません。

だからこそ、**すぐに断ってくれた人には感謝**すべきなのです。だって私の時間と労力を**節約**してくれたのですから。

私は、キッパリと断られた人に礼状を書くようにしています。

断った人も大なり小なり罪悪感を持ってくれているケースがほとんどです。ですから、これによりその罪悪感を軽減してあげるのです。

「貴重なお時間をいただき、ありがとうございました。今回はお力になれませんでしたが、お会いできたこと自体はとてもうれしかったです」

という趣旨の手紙を送ります。

そして負担にならない範囲でコンタクトを続けます。

実は、この人たちからその後ご契約や案件のご紹介、チャンスに繋がる情報をいただいたりしたことは枚挙にいとまがありません。

そういう意味からも、この**「去り際の美学」**は非常に重要です。

1本釣り営業をやめ、「見込み客ポートフォリオ」を作る

私は「お客様リスト」を3つに分けています。

リストそのものはエクセルで作ったよくあるものですが、3つに分けるというところがミソです。

3つのリストとは、**「顧客リスト」「見込み客リスト」「情報発信リスト」**です。

私はこれらをまとめて、**「見込み客ポートフォリオ」**と呼んでいます。

「顧客リスト」は、すでに契約をいただいたお客様のリストです。

「見込み客リスト」は、その名のとおりで、「モノを売りたい」というこちらの意図が伝わっているお客様のリストです。

「情報発信リスト」は、「こちらは売りたいと思っているが、先方はこちらの意図をはっきりつかんでいない」というお客様のリストです。

名刺交換の瞬間に、「見込み客リスト」か「情報発信リスト」の選別を

「情報発信リスト」のお客様は、私が保険の営業マンであることは知っていますが、積極的な売込みをしていないので、「自分に保険を売りたがっている」とは感じていません。

名刺交換のとき、「この人は保険に興味を持っていない」と感じたら、「情報だけお送りさせていただきます」と言って、「情報発信リスト」に入れます。

興味を持っていない人に粘る営業マンがいますが、これは「労多くして、益少ない」やり方です。仮に時間をもらえたとしても、契約まで行く可能性はかなり低いでしょう。むしろ「しつこく保険の話をされてイヤだった」という評判が広まったら、今後の活動に支障が出ます。

ですから名刺交換の瞬間は、相手の素振りを注意深く観察し、その人が「保険に興味があるのか、ないのか」を徹底的に見極め、反応がよければ「見込み客リスト」に、反応が薄ければ「情報発信リスト」に入れます。

「情報発信リスト」の人たちには、絶えずこちらから情報発信します。

ニュースレター、メール、メルマガを送り、法人ならときどき出向いてメッセージ入りの名刺を置いてきます。

保険代理店経営者のSさんは、すべてのお客様へ向けて、メルマガを発行しています。「こちらが忘れていたお客様からメールが来たり、再会したときにメルマガの話題を切り出せるなど、いくつもの変化がありました。メルマガの内容によってはすぐに返信が来て、多いときには30件ほどの感想や意見が届きます。

契約をもらったお客様には、その後あまり連絡を取らない場合もありますが、メルマガを送ることで、お客様との繋がりをアピールできます」

場合によっては、情報発信の返事そのものが成果に繋がることもあります。

ある企業の経理担当者からのメールの返信がきっかけで、私は最大級の法人契約をいただいたことがあります。地味ですが、それだけチャンスを呼び込むには有効な方法なのです。

9割以上の確率で成功した、大坪式テレアポ必勝法

ただし、情報発信しているだけでは、通常業績アップに繋がりません。適当な時期に「見込み客リスト」へ昇格させて、積極的なアプローチを開始します。

ここで、46〜49ページでお話しした「テレアポ必勝法」を実行します。

まず、テレアポの予告はがきを送ります。

「15分だけお時間をください。興味がなかったら、断っていただいて結構です」

というはがきを出し、届いた頃に電話をかけます。

次に電話では、自分から笑いかけてアイスブレイクし、

「お話の趣旨ははがきに書いたとおりです。くだらない話はしませんから、15分だけお時間をください。お互い忙しい身ですから、ご興味なかったらその時点で断っていただいて

結構です」

と、自信を持って言い切ります。

この「テレアポ必勝法」を身につけてからは、面談に持ち込める確率は飛躍的に向上し、**9割以上の確率**でアポが取れるようになりました。

もちろん、情報発信を続けたことも、その高い勝率の大きな要因です。

名刺交換しただけの相手でも、根気よくニュースレターやメールを送っていると、いざ電話したときに、「いつもはがきをありがとうございます」という言葉が返ってきます。

これが有利に働かないはずはありません。

結果が見えない「狩猟型」から、安定した「農耕型」へ

もしこのとき面談を断られたら、「情報発信リスト」に戻します。

2度断られたらリストから外します。「買わない人」を見つけ出し、残った人を自分のお客様にするというスタンスが基本です。

以前私は、販売キャンペーン時に断られた12人に集中的に再アプローチしたことがあります。

「あれから半年が経って私も勉強しましたので、ぜひまた会ってください」

などという理由にもなっていないトークで意外なことに12人中11人がまた会ってくれました。

これはいける！　と思いましたが、結局その中でご契約をいただけたのは、たったの1件だけでした。これはどう解釈できるでしょうか。

私の解釈はこうです。

この人たちには、すんなりご契約を頂戴した人たちに比べて2倍の時間をかけたことになります。それにもかかわらず成果があがらなかったのは、結局お客様が契約するかどうかは、商談のかなり早い段階で意志を固めているのではないかという仮説が成り立ちます。だとすると、イヤがるお客様に粘るのは時間の無駄だということになります。

何か理由があってNOを言ってくださったのだから、その案件にこだわって粘るよりも次に行ったほうが正解なのです。

もちろん、営業スキルの向上は並行して努力し、契約率を高める工夫は重要ですが、少なくとも顧客ベースができていない時期には横展開（目の前のお客様に粘らずにどんどん次のお客様に行くこと）して顧客数を増やすことを重視すべき、というのが私の結論です。

そうは言っても、1割程度は敗者復活がありますから、そこはキャンペーン時などに集中して再アプローチします。それでもダメだった彼らには、キーマンやアドバイザーとして協力してもらえばいい、と考えることにしました。

1本釣りを狙っていくのではなく、**味方を作っていく戦略**です。

そう考え方を変えてから、どれだけ気分がラクになったことでしょう。

たとえ断られたとしても、それはリストの精度がよりあがったのです。自分の仕事は前に進んでいるわけです。

私たちも人間です。

営業本によくあるように、

「断られたのはあなたの人格が拒否されたわけではない。だから落ち込む必要はない」

などと簡単に割り切ることはできません。

でも、過度にそこに気持ちを残すのは危険です。拒否されたのではなく、**リストの整理が進んだのだ**、と自分の仕事が前進したことにフォーカスしましょう。

こういう折り合いのつけ方のテクニックは、仕事を続けていくうえで自分が思う以上に大切です。この方法にたどりつくまでに私自身が苦しんだ経験からそう思います。

このやり方を繰り返していると、自分の成功率が統計的にわかってきます。

私の場合、かなりスキルが高まった頃には、**テレアポ成功率は90％以上に達し、面談すると3か月以内に75％成約できる**ようになりました。会って話をしても25％は断られるわけです。

確率がわかったら、逆算して欲しい成果の分だけ行動すればいいのです。

私の場合、150人の契約が欲しいなら200人と面談すればいいわけです。

そして200人と面談するには、220人を見込み客リストへ入れて、アプローチすればいいことがわかります。

自分のデータを取って分析すれば、誰にでもこの仕組みを作りあげることができます。

つまり、**結果の予想しにくい狩猟型営業から、安定した農耕型**へと変わります。

森の中で獲物を探して、猟銃で撃つような営業では安定した成果をあげることはできません。どれだけの獲物を発見し、猟銃の弾がどれだけ命中するか、まるでわからないからです。

目指すのは農耕型で、自分のテリトリーの中でどのように種をまき、耕していくかによって、収穫量が予想できます。

「見込み客ポートフォリオ」の人数を500人以下にする

ある程度数字の予測が立つと、見込み客ポートフォリオ（「顧客リスト」＋「見込み客リスト」＋「情報発信リスト」）のサイズを大きくすることで、安定した業績があげられることがわかります。

自分にとって必要なリストの大きさを考え、情報発信リストを増やす必要があるなら、多くの人が集まる場所に出向き、徹底的に名刺交換します。

情報発信リストは十分な大きさなのに、契約件数が伸びないという人は、少し多めの人数を見込み客リストに昇格させて、予告はがきとテレアポを積極的に行います。その結果、面談数が増え、契約数が伸びてくるという仕組みです。

きちんとしたマーケティングを行い、自分なりの実績データが集まれば、やるべきことは明確になります。これは大きな収穫です。

私の場合、**「見込み客ポートフォリオ」の人数を500人以下で保持する**という基準を設けていました。手書きのメッセージつきのはがきを送るとなると、3000人、500

0人へ送るわけにはいきません。いまは、秘書をつけるなど人手が増えているので、500人という数字にこだわってはいませんが、当時の私にとってはそれが適正サイズでした。

大きな衝撃を受けた1冊の本——自分に課した2つのルール

どのように顧客を管理するかと同様、どこをターゲットに営業していくかもとても大切です。保険営業なら日本全国どこへ行くのも自由です。実際、日本中を飛び回っている営業マンもたくさんいます。

私はどの範囲で活動するかをとても大切にしています。

竹田陽一著**『ランチェスター弱者必勝の戦略——強者に勝つ15の原則』**（サンマーク出版）を読んで、大きな影響を受け、2つのルールを定めました。

① 範囲を限定して、極力そこから出ないようにする

② エネルギーを集中して、その範囲でシェア・ナンバーワンを目指す

「戦う範囲を限定する」と言われて、どのくらいのエリアをイメージするでしょうか。

市内や区内、ある路線の沿線、特定のワンブロック、事務所がいくつも入ったビル1棟など、「範囲」の捉え方は様々です。


私が選んだのは、とても狭い範囲でした。

営業を始めたとき、連絡できる相手は元の職場の人たちしかいませんでした。

そこで私は後輩に頼み込んで、第1号のお客様になってもらいました。そして、この小さな拠点を足がかりに、少しずつ攻め込んでいきました。

彼のところへ出向いて保険の話をしていると、隣や向かいの席にも人がいます。そこで「あの人を紹介してもらえないか」と言って、1人また1人とテリトリーを拡大していきます。

保険営業では、どんな会社もすでに誰かのテリトリーになっています。

たいてい大手保険会社の外交員が出入りしていて、私のような新参者が入り込む余地などありません。

そこに割って入るのですから、本当に狭い範囲で局地戦を展開しなければなりません。

会社内の、ある部署の、机が集まっている小さなシマが私のテリトリーのスタートです。

狭いテリトリーですが、それでいいのです。
最大の目的は、シェア・ナンバーワンになることです。

狭いテリトリーでシェア・ナンバーワンになると、何が起こるか？

同じ範囲で2年くらい活動を続けていると、シェア・ナンバーワンになれるものです。狭い範囲で頻繁に顔を出すわけですから、みんなと知り合いになり、「保険と言えば、大坪」という印象が浸透していきます。

面白い出来事がありました。

私がテリトリーにしていた部署に、同じソニー生命の別の営業マンが訪問したことがあります。そのとき、応対したのは私のお客様ではなかったのですが、「うちは大坪さんと決まっているから、来ても契約は取れないと思うよ」と言って追い返したそうです。

私のお客様ならまだしも、まったく別の人がそう言ってくれたことがうれしくもあり、不思議でもありました。これがシェア・ナンバーワンの魅力です。

トップシェアを獲得した後も、情報発信やお客様とのコミュニケーションは欠かしません。すると、保険に関する問題が起こった際には、部署内の誰もが私に連絡をくれるようになります。

たまに顔を出すと、「△△のところに子どもが生まれたから、話を聞いてやってよ」という話が勝手に舞い込んでくるようになります。

シェア・ナンバーワンとして緊密にコミュニケーションを取っていると、保険担当としてその部署に在籍しているような感覚になります。この状況ができあがると、安定して見込み客が確保できます。

「大企業の人、都心のビジネス街に「必勝エリア」を作る」

1つのテリトリーでシェア・ナンバーワンになったら、次に考えるべきことは、横展開して新たなテリトリーを作ることです。シェア・ナンバーワンになると、その会社の人事や総務の人とも仲よくなります。この点でも、シェア・ナンバーワンのポジションにあることが有利に働くのです。

彼らは他の会社へ出向したり、逆に他社から出向してくることがよくあります。人事異動も頻繁です。そのコネクションを利用して、別の会社や別の部署の人を紹介してもらいます。新しいエリアでも小さな拠点を築いて、そこから同様の局地戦を展開します。

こうした横展開を繰り返すと、いくつかのテリトリーを持つことができるようになります。あまりテリトリーを広げすぎず、シェア・ナンバーワンとしてのフォローをきちんとしていれば、業績が大きく落ち込むことはありません。

以前、あるトップセールスにお願いして法人営業に同行させてもらったことがあります。

法人営業で無類の実績をあげているその人のプレゼンは（失礼ながら！）予想に反して意外に平凡なものでした。

しかし一緒に行動しているうちに私は、気づいたのです。

どんなお客様でも落とせるキラートークなどはない。**どこで戦うかが重要**なのだ、と。

その彼は人間関係などを張り巡らせてその中では負けないような**「必勝エリア」**を作りあげて、その中で戦うことですごい実績をあげているのです。そしてそれを作ることに大変な努力を払っているのです。

このようにテリトリーをどこに設定するか、これはとても重要です。

保険営業として本来上顧客である中小企業のオーナー経営者相手の商談を、私はとても苦手にしています。ドクターもそうです。

また以前述べたとおり、個人宅へ訪問するスタイルの営業も苦手です。

あるとき、自分のお客様の共通項に気づきました。

いずれも大企業に関連する組織、個人なのです。考えてみれば労働組合幹部も大企業の出向者です。数少ないオーナー経営者のお客様も大企業の出身者でした。

それ以来迷わず自分の戦うテリトリーを「都心のビジネス街」と決めました。

狭いテリトリーにエネルギーを集中して「必勝エリア」を作りあげる。

いまも昔も私はその原則を守っています。

9割以上の人が見落としている意外なテリトリー

お客様と親密になると、新しい人を紹介してもらうことがありますが、ときにこれが悩みのタネとなることがあります。

紹介はうれしいのですが、その相手がまったく別の地域の方の場合があります。

せっかくのご紹介ですから、もちろんその方に会いに行きます。そこで1件の契約がいただければ、ありがたいことです。もしかしたら、その方の周辺で数件の契約がいただけるかもしれません。しかし、その方からは紹介を受けずに帰ってきます。

なぜなら、**「戦う範囲を限定して、極力そこから出ないようにする」**というルールがあるからです。

もし、そこでの活動を始めてしまったら、本来のテリトリーが疎かになります。エネルギーを分散したら、局地戦に勝てなくなってしまいます。

私のような新参者の営業マンがシェアを奪っていけたのは、そのテリトリーに張りついたからです。反対に、自分のテリトリーから離れてしまったら、別の営業マンがそのポジションをいつでも狙っています。いわゆる「パトロール」を怠らず、常に顔を出して自分のテリトリーを守るのです。

最初は小さな範囲で、自分のテリトリーを築くことが肝心です。

たった1人のお客様から始まっても、シェア・ナンバーワンを目指して地道に活動し、それを横展開することによって何百、何千という顧客を獲得することができます。

ここで、多くの人が見落としているお宝のようなテリトリーについて触れます。

それは「社内」です。

保険会社の場合は、やはり営業部門が花形です。そうすると、どうしても営業現場の意識として、自分たちは社内のスタッフ部門より立場が上だから、サービスされて当然という空気になります。営業マンによっては本社スタッフ部門に対して高圧的な態度を取る人もいます。

しかし彼らだって人間です。そんな態度を取られてうれしいはずはありません。

そもそも私自身がスタッフ部門の出身ですから、その気持ちは痛いほどわかります。

そこで、私は彼らがよいサポートをしてくれた場合には、社内であるにもかかわらず、**お礼状を出す**ことにしていました。

ここでのポイントは、**本人だけではなく上司にも出すこと**です。サラリーマンなのだから上司によい仕事振りを知られてうれしくないはずはありません。また上司からも、たいてい本人以上に感激したレスポンスが返ってきます。ある職場では、何と私の出したお礼状が回覧されたことがありました。本人だけに出す場合に対して効果は数倍です。

案件が大きくなればなるほど、協力してもらう部署が増えてきます。そんなとき、彼らにどれだけ助けられたことか。

間接的なサポートだけではなく、お客様を紹介してもらうという直接的な支援も少なからずありました。

大きな組織ですから、営業現場の人間にとっては本当に価値の高い案件でも、本社のスタッフ部門にとってはお荷物、という状況もあります。

そんな本社のスタッフの方から、「大坪さんに」と私を名指しでお客様をご紹介いただいたことも実は少なくありません（そういう結果を見越して行動していたのではありません！）。

サポートしてくれる人たちを大事にしましょう。そして、感謝の気持ちを素直に表現しましょう。ちなみにこの習慣は、現在でも続けています。

そもそも、そんな会社のほうが働いていて楽しいですから。

営業トーク下手な私の「銀座線営業」のオキテ

私は広告関係のお客様が多く、そうした会社のほとんどが銀座周辺に集中していました。銀座線を行ったり来たりするので、自分自身を**「銀座線営業」**と名づけていたほどです。

たまにドタキャンなどでスケジュールがぽっかり空いたときなどは、「パトロール」と称してアポなしでテリトリーをまわりました。何しろ狭い範囲にお客様が集中していますから、短時間で相当数まわれます。アポなし訪問の口実作りのため、海外旅行などの最終日に地元のスーパーに行き、安いけどちょっと珍しいものを大量に買い置きしていました。お客様に負担感を与えないために、値段の張らないものにします。「ちょっと旅先で珍しいものを見つけたのでお届けにあがりました」と、不自然さがなく訪問できるからです。

トップセールスであり続ける人とそうでない人の違いは、この**小さな行動をやり続けるかどうか**にあります。1ポイントが積み重なって何千、何万というポイント差になるのです。

私は、**「個人は2回、法人は2年」**というラインを設けています。

個人のお客様なら2回まで営業をするし、法人なら2年間は何かと関係を保ち続けるというやり方です。

個人的な感触ですが、2年のうちには何かが起こるものです。

たとえば、すでに契約している他の保険会社がミスをして、お客様とトラブルを起こしてしまうとか、企業内での担当者が替わり、保険の見直しが行われるということもあります。

広い人脈を持っている人は確かに業績をあげます。

しかし、頻繁にコミュニケーションを取っていなければ、安定した業績をあげ続けることはできません。営業マンがそうなるためには、**当初の人脈より継続してマーケットに対して発信されるコミュニケーション量**のほうがはるかに大切です。

私の場合、営業トーク下手もあり、特に**法人案件などは最初のプレゼンで契約が決まった覚えはほとんどありません。**ほとんどがこの見込み客ポートフォリオに入れて熟成させ、その後にチャンスが降ってきたものばかりです。

「1日20ポイント獲得シート」には、お客様と密接にコミュニケーションを取り続ける仕組みが組み込まれています。毎日20ポイント獲得していれば、決して案件が途切れることはありません。

「16分割週間スケジュール帳」によって数多く面談をし、「1日20ポイント獲得シート」によって豊富なメッセージ発信量、コミュニケーション量をキープします。

毎日ゲーム感覚でシートをつけているだけで、これらが達成できるのです。

これこそが私の成功を支えた2本柱です。

できなくてもクヨクヨしない、チャレンジし続けている自分を褒めてあげましょう

この2つのツールはゲーム感覚でやるのが1番です。実はこれがとても重要です。

それには達成できたときには、自分で自分にご褒美を与えることです。

私の知り合いには、「20ポイントを獲得できた日には、各ツールにシールを貼っている」という女性営業の方もいます。

「1週間通して達成できたら飲みに行くのを自分に許す」という人もいました。


一方、達成できなかった場合も、過度にクヨクヨしないことが大事です。

私の場合は、達成できなかった分を宿題として翌週に繰り越してそこで達成したらOK! にしていました。

そこでも達成できなかったら、ペナルティーがあります。その週のランチは全部立ち食いそばにするというものです。

食事が何よりの楽しみの私にとっては、痛いペナルティーです。

そしてそれを果たしたら、さっさと翌週から再チャレンジするのです。

人間はあきやすいので、ご褒美やペナルティーはどんどん変えていってもかまいません。

また私は、仲間を巻き込んで一緒にやっていました。そうすると、長続きしやすいのです。

もしも何週か続けてクリアできないような場合、イヤになってしばらくこの仕組み自体から離れてしまう人も中にはいるでしょう。

人間だからイヤになることもあります。

それでも自分を責めることはありません。

もしもまた再チャレンジしたら、そのこと自体を評価してあげてください。

もう1度やる気になってリトライしていることにフォーカスして欲しいのです。

それが長く続けるコツです。

第2章のまとめ

普通ではありえない幸運を引き寄せる！「1日20ポイント獲得シート」活用術

目的

- 行動をポイント制にすることで、日々の行動を定量化する
- お客様とのコミュニケーション量を増やす
- 見込み客を補充する

使い方のポイント

- 行動にポイントを設定し、1日20ポイント獲得を目指す
- 行動内容やそれについてのポイント数はアレンジしてよい
- 達成できたらシールを貼る、自分へのご褒美をあげるなど、マイルールを作ると継続しやすい

効果

- ゲーム感覚で行動を引き出すことができる
- 行動に焦点を当てているので、成果のよし悪しに関係なく、行動量を維持できる

第3章

月収1万倍仕事術③

ペンを動かすだけで夢が叶う！「1日10分・目標書くだけシート」

モチベーションをキープできる最強ツール

前述の2つのツールは非常に効果的です。

でも、効果があるとわかっていても、続けられないこともあります。

人間には感情があるからです。ダイエットがいい例です。必要だとわかっていても、つい感情に負けてしまいます。

したがって、ツールを継続していくためには、**モチベーションを維持する仕組み**が必要です。

ペンを動かすだけで夢が叶う！「1日10分・目標書くだけシート」がそれに当たります。

これは、あなたの人生の目標と日々の行動をリンクさせる最強ツールです。

「1日10分・目標書くだけシート」は、1枚のペーパーに両面で次の4つのパーツに分かれています（↓162〜163ページ）。

① 1日のタイムスケジュール
② テーマを進めるタスク＋その他のタスク
③ テーマを書き出す（最大10個）
④「〇」のテーマを進める

寝る前の5分間で「ツボ」を見つける

最初に記入するのは③です。

私は就寝前の5分を使って、自分がいま、何を達成したいのかを思いつくままに書きます。

「こんなことがしたい」「こうなりたい」と感じることなら何でもOKで、目標の大きさは問いません。感じるままに10個程度書き込みます。

遠慮する必要はありません。「達成できないんじゃないか」「うまくいかないんじゃないか」という発想は、結果にとらわれている証拠です。何よりも行動することが大切で、失敗したっていいので、思い切って書き込んでみてください。市販の手帳でもできます（↓

AIM

[1日10分・目標書くだけシート] SMART※ に基づく目標設定、ターゲットを明確にしよう！

③

テーマを書き出す（最大 10 個）	「○」のテーマを進める
1番大事なところに「○」をつけよう！	そのために今日できることは？
＜SMART※の法則＞ Specific 具体的 Measurable 計測可能 Agreed upon 同意している Realistic 現実的 Timely 期日が明確	どんなにちっこいことでもいい、とにかく書いてみよう！

④

MEMO

今日を熱く送ろう！

「1日10分・目標書くだけシート」基本フォーマット

TIME SCHEDULE

[1日10分・目標書くだけシート] THINGS TO DO の実践！消し込むことに全力をあげよう！

①

年　月　日（　）
早朝
8
9
10
11
12
13
14
15
16
17
18
19
20
21
22
23
深夜

②

着	済	テーマを進めるタスク

着	済	その他のタスク

右記）。

目標は、たとえば、次のようなものです。

- 年収1000万円
- 今年の予算達成

市販の手帳を活用した
「1日10分・目標書くだけシート」例

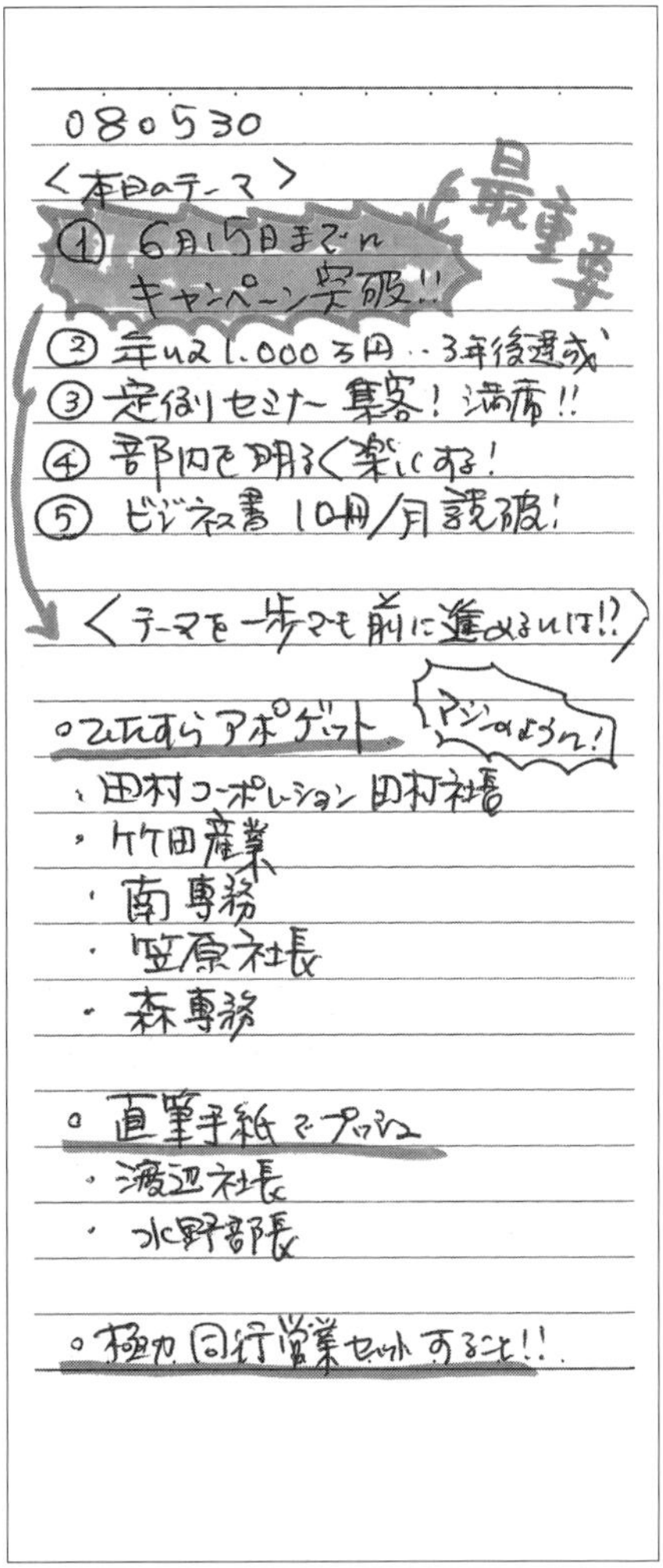

- キャリアアップ
- 家を買う
- 車を買う
- 読書年間300冊
- 夏休みに釣りに行く
- 英語を身につける
- 2年後に起業
- 人が集まる家庭

見るとわかりますが、仕事に関するものもあれば、生活のこと、家族のこと、趣味のことなど、様々なテーマがあります。

「いま達成したいと思うこと」であれば、どんなジャンルでもOKです。

10個のテーマ出しが終わったら、書き出したものを見渡して中心テーマを探します。

リストにあがったテーマの中で、その1つがうまくいくことで、他のテーマが連鎖的に達成されてしまう**テコのようなテーマ**を探してください。

すべてのテーマにつながっていなくても、多くのテーマに影響を与えるものが必ずあります。

そのテーマのことを**「ツボ」**と呼びます。ツボを押すことで、人生の目標が達成に近づきます。

164～165ページの例にあげたテーマにおけるツボは、**「今年の予算達成」**です。

これがうまくいけば、「年収1000万円」に近づくでしょうし、「キャリアアップ」「家を買う」「車を買う」というテーマも連鎖的に達成されます。もしかしたら、「2年後に起業」という目標に繋がるかもしれません。

ツボが決まったら、**目立つよう大きく印**をつけます。

「9個以上、16個以下」の具体的な行動を書き出す

次に④「『○』のテーマを進める」に移ります。

ここにはツボとなるテーマを少しでも前に進めるために、明日の24時間でできることを書き出します。どんなに細かいことでもかまいません。考えられる行動をどんどん書き込んでいきます。

10個のテーマが入り、ツボに印がついたシート

AIM

[1日10分・目標書くだけシート] SMART※ に基づく目標設定、ターゲットを明確にしよう!

テーマを書き出す(最大10個)	「○」のテーマを進める
1番大事なところに「○」をつけよう!	そのために今日できることは?
年内に受注ベースで売上1500万円達成する!	保証書 180日間保証の文言入れる。 超短編なるDM/今野作成する。 ブレットを書いて、大量に発送する。
'09年にKSF年商1億円達成する。	
借金を5年で全額返済する。	
出版で10万部を販売する。	
海外専門のFPというブランドを8月までに。	
事業資金1,000万円を調達する。	
まずは1,000人の販売実績を作る。	
セールス・自己啓発分野で日本有数に。5年で。	
大量に文章を書く能力を身につける。	
家族と社員とお客様の幸福。	
<SMART※の法則> Specific 具体的 Measurable 計測可能 Agreed upon 同意している Realistic 現実的 Timely 期日が明確	どんなにちっこいことでもいい、とにかく書いてみよう!

MEMO

今日を熱く送ろう!

その目標が一歩でも前に進むアイデアを1つでも多く書き出そう

1番中心になる目標をマーキング!「脳のアンテナ」が開いて情報や人脈をキャッチしやすくなる

たとえば、ここでのツボを「今年の予算達成」としてみましょう。

このテーマを前進させるため、明日できることを考えてみます。

- 日高部長へヒアリング。興味を持ってもらう
- 本村課長へプレゼン
- お客様に電話をする（三浦氏、柳田氏、小笠原氏、佐々木氏、中村氏、吉田氏、今井氏）
- 書店で資料を買う
- 紹介を3人以上獲得する
- ロールプレイング（ロープレ）をやる

などと、④欄に書き込みます。

数は**9個以上、16個以下**が目安です。

私はかつて9個の作戦を実行することで成果をあげたので、9個以上としました。

一方、大量行動の重要性を唱えたダン・S・ケネディは、「16個あげることが大事」としています。そこで両方を採用して、9個以上16個までの行動を書くようにしています。

もう1つ例をあげましょう。
たとえば、「上半期のキャンペーン入賞!」が目標だとします。この場合④には、

- A社　成約まで確実にフォロー!
- B社　プレゼン成功へ!
- C社　提案を練りに練る!
- D社　ご紹介いただく
- E社　ご紹介いただく
- F社への食い込みを成功させ、2週間以内にプレゼン!
- その他進行中の中小案件を取りこぼしなく進める
- 半年以内に決算期のある法人顧客にアポ取り&レビュー
- 半年以内に断られた案件を洗い出して、アタックリスト(これからアポを取る見込み客リスト)へ
- 半年以内に断られた案件へテレアポ予告はがき発送
- できる限り契約者へハッピーコール(「ご無沙汰しています、お元気ですか」という営業を目的としない、いわばご機嫌伺い電話のこと)紹介の追加契約へ

などが入ります。

このように書き出してみると、すぐに実行できそうなものもあれば、なかなか難しそうなものもあります。

「D社　ご紹介いただく」とありますが、翌日にいきなり紹介をもらうのは難しいかもしれません。ただ、紹介をもらうために担当者に電話をするとか、D社の事業内容を調査するなどの行動はすぐにでも可能です。だから思いついたものは、すべて書いておけばいいのです。

夜にやるのはここまでです。後は潜在意識に任せて寝てしまいます。

ゴールが見えたらシュートを打とう

ファイナンシャル・プランナーのKさんは、このツールを使った感想をこう言っています。

「私にとって大きかったのは、行動項目を**最低でも9個以上考える**という部分です。行動項目をたくさんあげることで、これまでの自分の行動が近視眼的で、方法も限定的だったことに気づきました。従来よりも行動の量、幅ともに向上させることができました」

部品メーカー経営者のTさんは、「書き出すことの重要性」を感じています。

「頭で考えているつもりでも、リストアップしていないと、つい忘れてしまうことがあります。それを防止できる利点が、このツールにはあります。アイデアを無駄にしなくなるため、わずかな可能性を逃さずにすみます。

タイアップセミナーの提携先を探していたのですが、このツールを使い始めて**わずか1か月で、提携先2社、協賛企業1社**を見つけることができました。意外と簡単なことを見逃して、行動していなかったのでしょう。このメソッドは、『**ゴールが見えたらシュートを打て**』ということを私に教えてくれました。実際にシュートを打ってみると、『アレ、入っちゃった』ということもあります。**偶然でも1点は1点です**」

利用者の声として最も大きかったのは、「考えてはいたが、実行していなかった」というアイデアや戦略を実行に移せたというものです。

自分が書きやすい時間にやってもOK

寝る前の数分間でこの作業をしておくと、翌朝起きた時点で、やるべきことが頭の中で整理されており、スムーズに1日が始まります。

優先順位がきちっと頭の中に入っていますから、迷いなく仕事に取りかかれます。デスクに座ってコーヒーを飲んで、「さて今日は何をするんだっけ？」と始まる朝に比べて生産性の違いは明らかです。

私の個人的な体験ですが、寝る前に翌日の商談についてざっとでもいいのでインプットしておくと、翌朝の明け方に、その商談をクロージングさせるためのキラートークを思いつくことがしばしばありました。

寝ている間にも、脳はベストな方法を考え続けているんだなあと実感します。こんなすばらしい脳の機能をフルに使わない手はありません。

翌朝、④に記入した内容をもとに、②を記入します（↓174～175ページ）。②に書かれた内容がその日の具体的なタスクです。

ただし、社会人として仕事をしている以上、自分が設定した目標に関連したタスクだけをこなしているわけにはいきません。

人から頼まれた仕事や社内で果たさなければならない役割など、組織人・社会人として放置しておくとまずい仕事だってあるでしょう。

わかりやすく言えば、自分の目標とは関係ないけど無視できないタスクです。

そうした仕事は、②の下部にある「その他のタスク」の欄に書いて、あなたの目標を前に進める仕事とは区別します。

1番左の①は、タイムスケジュールです。アポや会議など時間の決まっているものを記入したり、タスクをどの時間に割り当てるかを書きます。

①のタイムスケジュールと②のテーマを進めるタスクとその他のタスクで構成されたページは、一般のスケジュール帳と同じ役割を果たします。

ここまで書いたらいよいよ仕事スタートです。

前日の就寝前5分、仕事開始前5分の計10分を使い、自分の人生目標と今日1日をリンクさせることに成功しました。

AIM

［ 1日10分・目標書くだけシート ］ SMART※ に基づく目標設定、ターゲットを明確にしよう！

テーマを書き出す（最大10個）	「○」のテーマを進める
1番大事なところに「○」をつけよう！	そのために今日できることは？
準備不足の癖を直すこと!!	ブログ
KSFで売上1億円達成!!	メールでレターで書く。
（Hdgs社 5,700万円 その他 3,300万円）	セミナール差を掲げる。
著者として8ベストセラー作家へ。	たかがメールだけど、時間を掛けて文章を考える。
収支バランスを均衡させる。あと60万円!!	一斉同報の限界。
4/16までにゴールドスターにあと1,750万円集める。	御苑会 社長の集まり。
KSF社員に社会保険かな。	大組織をバックにしたインディペンデントな生き方。
全員 スタッフに夏のボーナスを出す。	株式 ゲリラな生き方
自己配信メルマガをまず1,000部に持っていく。	大組織をバックにしていない ゲリラでいこう!! ゴールドスター
家内安全、家族仲良く！	20万円 = 500万円 / 月 1日間

＜SMART※の法則＞
Specific 具体的　Measurable 計測可能
Agreed upon 同意している　Realistic 現実的　Timely 期日が明確

どんなにちっこいことでもいい、とにかく書いてみよう！

③ ④

MEMO

今日を熱く送ろう！

03- –

確保 さん, さん、 さん、 さん

さん さん

①②③④が記入された「1日10分・目標書くだけシート」

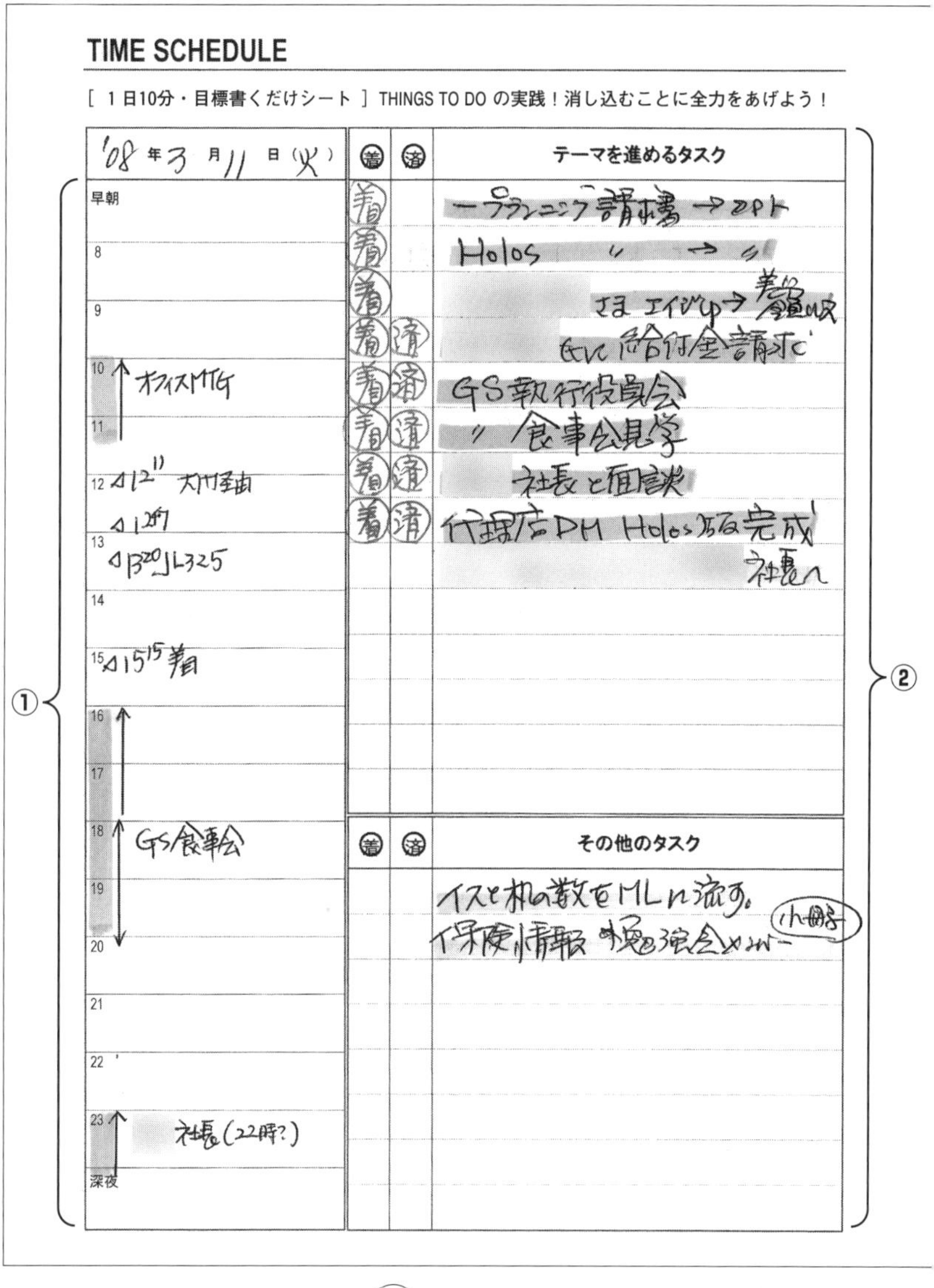

「1日10分・目標書くだけシート」を使っている**食品メーカー営業のMさん**は、

「次の日の行動をまとめるには、その日の行動を振り返る必要があります。この振り返りが、自分にとっては大きな価値があります。その日の反省をして、翌朝目が覚めると、何かに突き動かされているかのようにテキパキと体が動きます」

と語ります。

「1日10分・目標書くだけシート」を書く時間は、必ずしも就寝前、仕事開始前とは限りません。自分で使いやすい時間にやればいいでしょう。

外資系証券会社の営業であるKさんは、通勤電車の中でシートを記入しています。

「行き帰りの電車でシートを記入するのが私の日課です。タスクリストのおかげで、仕事のやり残しが減りました。また、目標やタスクを書くことで、プレッシャー（いい緊張感）が生まれ、日頃から自分の目標を強く意識するようになりました」

タスクはできるだけ細かく設定、「着手」したこと自体を褒めてあげよう

②のタスク欄には、「着」と「済」という2つのチェックボックスがあります。

着手した時点と、完了した時点で、それぞれチェックするようになっています。仕事は完了させることが最も大事ですが、**期限までに完了しない1番の原因は着手が遅いこと**です。

「着手した時点で仕事の7割は完了する」と言われるように、**着手する**ことはとても大切です。

いま、あなたが抱えているタスクを思い出してください。着手したものは、それなりに順調に進んでいるでしょう。一方で、何となく気が進まないという理由で、手つかずのまま放置されているタスクはないでしょうか。

着手するまでのハードルが高いのです。

手をつけるまでは「ものすごく大変だ」と思っていたのに、始めてしまうと、「こんなことなら、すぐに始めればよかった」と意外にすんなり進むこともあります。

そのためのコツは、**行動をできるだけ細分化**することです。

もし、②欄に「A社長から契約をもらう」と書いてあったとしたら、どのタイミングで着手のチェックをしていいかわかりません。同時に、なかなか「済」のチェックが入れられません。そこで行動を細分化します。

・A社長に電話をする
・A社長にアポを取る
・A社長への提案書類を作る
・A社長にプレゼンする
・A社長から契約をもらう

このくらい細かな行動を②欄に書いておくと、頻繁に「着」と「済」のチェックが入ります。

蛍光ペンによる「色分け」でモチベーションがアップ

実際に使ってみるとわかりますが、チェック欄が埋まっていくのは楽しいものですし、満足感も得られます。仕事の進捗を目で確認することができ、次の行動への移行もスムーズです。

元々**人間には空白を埋めたいという心理**があります。その心理を活かし、行動を引き出すためにも、タスクの内容はできるだけ細かく、項目数を多くしておくとよいでしょう。

私は**タスクの進捗に応じて、蛍光ペンで塗りつぶす**ようにしています。**完了したタスクは「茶」、着手の段階で止まっているものは「黄緑」、着手すらできなかったものは「青」**と色分けをして、**心理的な満足度**を高めています（↓巻頭口絵viii〜ixページ）。

小さな工夫ですが、モチベーションの高まり方が違ってきますので、ぜひ試してみてください。

「1日10分・目標書くだけシート」を使っている**派遣会社営業のFさん**は、

「前日のうちに何をするかが明確になっているため、朝起きたときからすぐに行動に移せる」

と語ります。

「夕方の時点で達成できていない目標も、自分で立てたものだと思うと、絶対にやりきろうという気持ちになります。その分、仕事を先延ばしにすることがなくなりました」

同じく、**行政書士のKさん**は、「今日は何をしようか」と悩む時間がなくなったと言います。

「無駄な時間を排除できたことにより、1日を有効に使えるようになりました。タスクを順番に消していくのを楽しみながらやっていると、うまく継続することができます」

仕事だけでなく、資格試験や自分の夢の実現にも使える

「1日10分・目標書くだけシート」の特徴は、毎日目標を書くということです。

普通に考えれば、毎日同じことを書くのは無駄と感じたり、面倒くさいと言う人もいるでしょう。

「いま、達成したいこと」がそうそう変わるはずはありません。結果として、ほとんどは昨日と同じ内容を今日のシートに書き込むことになります。

でも、それでいいんです。毎日書いてください。

自分の夢や目標を達成できない人の多くは、目標を忘れてしまっているのです。完全に忘れていなくても、毎日仕事をする中で目標を意識することはあまりないでしょう。

以前、こんなことがありました。

同業他社の外資系保険会社を題材にしたビジネス書を読み、そこに登場していたトップ

セールスの方に会いたいと思いました。しかし何のコネもありません。ノートにその名前を書いておくくらいのことしかできませんでした。

そのとき、たまたま商談中のお客様がその名前に目を留めました。

「私、その人、知ってる！」

何とその人は、彼女の前職の仲のよい同僚だったのです。もちろんすぐに紹介してもらい、会ってきたのは言うまでもありません。そんな経験は他にもあります。

目標を紙に書くと、現実に目標達成が加速化するというのは、自分にとってはやかんを火にかけたらお湯が沸くというくらい当たり前のことで、もはや思い出せないくらい昔からやっています。

なぜこれが有効なのか、はっきりはわかりませんが、書き出すことによって目標が意識に刷り込まれ、普段の行動の中で目標に近づくようなことを無意識的に選択するようになり（私はこの状態を、「脳のアンテナが開く」と呼ぶ）、結果として実現が早まりやすくなるのではないかと思います。

いずれにせよメカニズムは不明ですが、現実に効果があることが多いのだから使わない手はないだろうというのが私の考え方です。それもタダなのですから！

保険代理店営業マンのKさんは、目標を明確にすることによって、ファイナンシャル・プランナー試験に合格することができました。

「ファイナンシャル・プランナーの試験に2度落ち、3度目の挑戦を考えているときのことです。『また落ちるのではないか』と不安に思うばかりで、日々の勉強には一貫性も計画性もありませんでした。

そんなときこのシートに出合いました。何でもいいから、目標に一歩でも近づくことを書き出してみるというのは、とても導入しやすいものでした。これまで「どうせダメだろう」と頭の中だけで考えていた方法にもトライすることができたのは、大きな収穫です。このシートを毎日書いて、目標に近づいていることを確認し、**自分を褒めてあげる**と、モチベーションが継続しました。結果、勉強自体を楽しむことができ、3か月後の試験に合格しました」

また、昨日と同じ目標を書こうとしたとき、「どうも違う気がする」と感じる日があります。毎日考えることで、自分がホントに求めているものが明確になり、昨日までと違う表現をしたくなることがあります。

あるいは、自分の目標だと思っていたものが、実は他の人（たとえば上司や同僚）から言われた内容をなぞっていただけにすぎないと気づくこともあります。

ときには目標が出てこなくなるときもあります。**信託銀行営業マンのMさん**は、「毎日目標を考えるのですが、セールスマインドが弱くなると目標が出てこなくなります。目標を持って、主体的に行動するには、いかにマインドを保つかが何よりも重要だと感じます」

と語ります。

モチベーションとは、他から与えられるものではありません。

「自分自身と対話し、自分の取り組んでいる仕事に対して積極的意義を見つけ、そこに希望を見出すこと」

それが私の考えるモチベーションの定義です。

それをしっかりとつかんだとき、あなたの情熱はかき立てられ、行動を起こすエネルギーが生まれます。

「1日10分・目標書くだけシート」は、1日の行動を管理するだけでなく、**1日を大切にして、自分が目指す人生を歩むために効果的なツール**です。

忙しく毎日をすごしていると、日々の活動と人生の目標がかけ離れてしまうことがあります。そうならないためにも、毎日目標を考え、「1日10分・目標書くだけシート」に書き込むことが大切です。

目標達成のためのタスクを列挙し、それぞれに「着」「済」のチェックを入れていくと、自然と行動が引き出されてきます。その繰り返しによって、目標に向かって前進するのです。

第3章のまとめ

ペンを動かすだけで夢が叶う!
「1日10分・目標書くだけシート」活用術

目的

- 人生の目標を日々の生活に浸透させる
- 自分がホントは何を目指しているのかが見える
- タスクに着手できる。着手した時点で、仕事の7割は完了する

使い方のポイント

- 1日10分、自分の人生目標とそれを達成するためのタスクを考える
- タスクはなるべく細分化して記入する
- タスクを開始したら「着手欄」に「着」、終了したら「完了欄」に「済」のチェックを入れる

効果

- 人生の目標が明確になり、それに合致した行動を呼び起こす
- 人生の目標が達成に向かって少しずつ動き出す

第4章

月収1万倍仕事術④

心が弱ったときでもモチベーションが継続する！「人生右肩上がりマップ」

心に刺さった「販売外交の神様」のひと言

前にやる気について触れました。

あなたのやる気が出ないのはどんなときでしょうか？

私は、「心の燃料が空っぽ」になったときだと思います。心の燃料がなくなると、ガス欠の車のように一歩も動きたくなくなります。

では、心の燃料が空っぽになるとは、どんな状況でしょうか？　あるいは、どうすれば心の燃料がいっぱいに補給されるのでしょうか？

もし、その方法がわかれば、私たちはいつでも元気に動けます。

燃料補給と言うと、エネルギー源となるものを体内に取り入れるような印象を受けますが、私たちがやるべきことはむしろ反対です。**頭から吐き出す**のです。

「ブレインダンプ」という言葉を知っているでしょうか？

これは、頭の中で考えていることをすべて吐き出すことです。

たとえば、就寝前の5分間で「1日10分・目標書くだけシート」に向かって「いま達成したいこと」を考え、そのために必要な行動をピックアップするのもブレインダンプです。

営業マンに限らず、多くの人はそもそも気持ちを文字にして書き出す習慣はありません。日々の生活に追われ、毎日やるべきことを必死にこなしているだけという人や、日々の仕事に忙殺され、漠然とした不安を抱えている人がたくさんいます。

「販売外交の神様」と呼ばれるフランク・ベドガー氏は、『私はどうして販売外交に成功したか』（ダイヤモンド社）の中で、**「混乱した状態を引きずったまま仕事をすると、生産性に大変な悪影響を及ぼす」**という主旨のことを語っています。

私がこの本を読んだのは、まだ業績があげられずにもがき苦しんでいる時期でした。がんばっているつもりでも、思うような成果があげられず、まさにやる気を失っていました。

そんな状況で、このベドガーの言葉は心に刺さりました。

確かに私は混乱していました。自分の状況を整理することができず、どんなことに不安を覚え、悩んでいるのかさえわかりませんでした。

当時の私に状況を打開する術はありません。「営業マンとして業績をあげていくしかなぎていきました。

い」と自分を奮い立たせようとしましたが、根本的な解決策は見つからず、時間だけがす

「人生右肩上がりマップ」で混乱から抜け出そう

状況を打開するカギは、自分の頭の中にあります。

頭の中にあるものを吐き出し、自分に何が起こっているのか、どこに問題の根源があるのかを突き止めます。

その作業に使っているのが、**心が弱ったときでもモチベーションが継続する！「人生右肩上がりマップ」**です。

基本的には「マインドマップ®」の4分の1のサイズで、中心から右斜め上の部分だけを切り取りました（↓次ページ）。

マインドマップとは、トニー・ブザン氏が発案した思考・発想・整理のためのツールです。最近では多くのビジネスマンが利用し、教育現場でも活用されています。

通常、マインドマップは大きな紙に書いていくものですが、私はどうしてもA5版のシ

「人生右肩上がりマップ」基本フォーマット

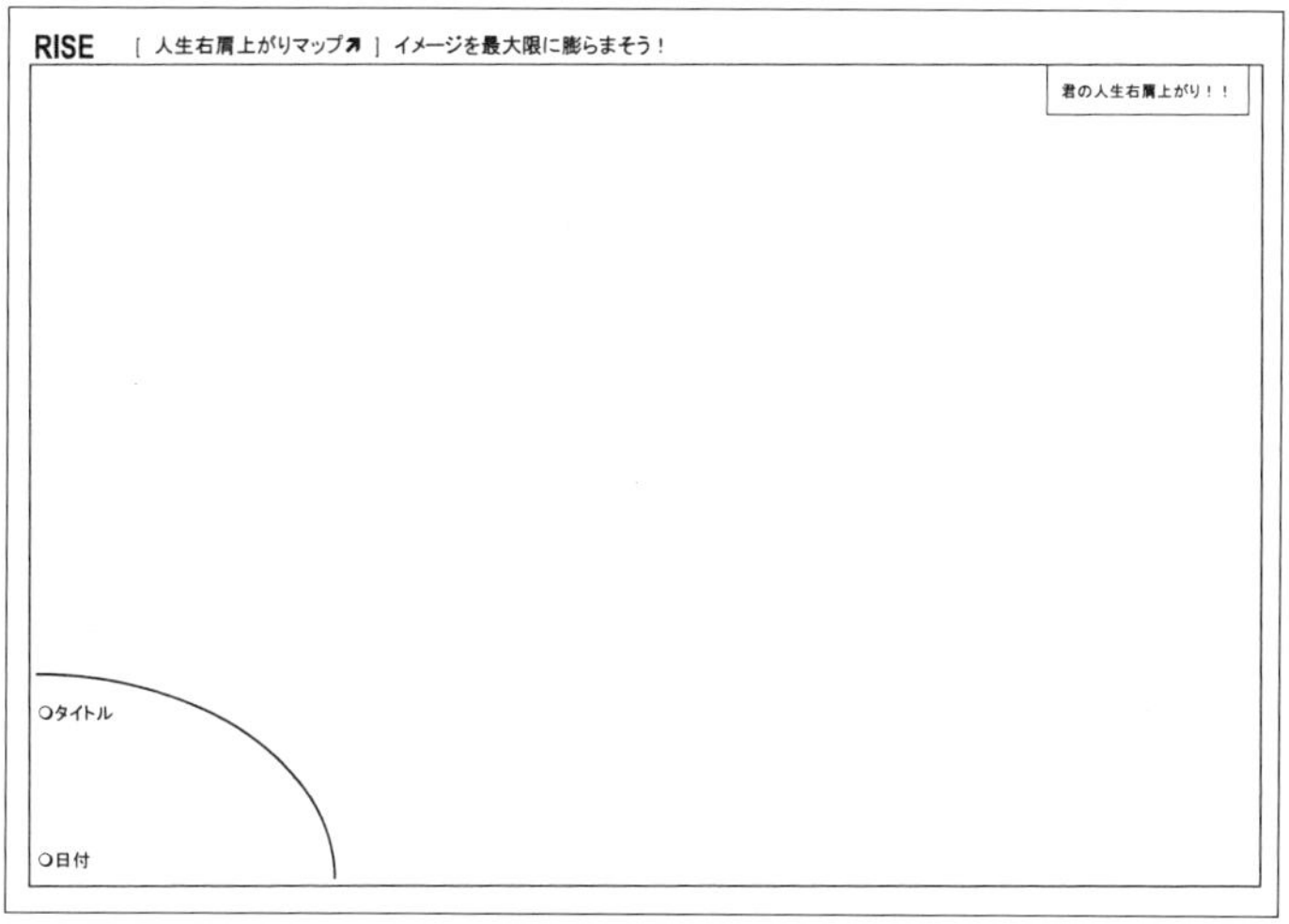

「人生右肩上がりマップ」の活用例

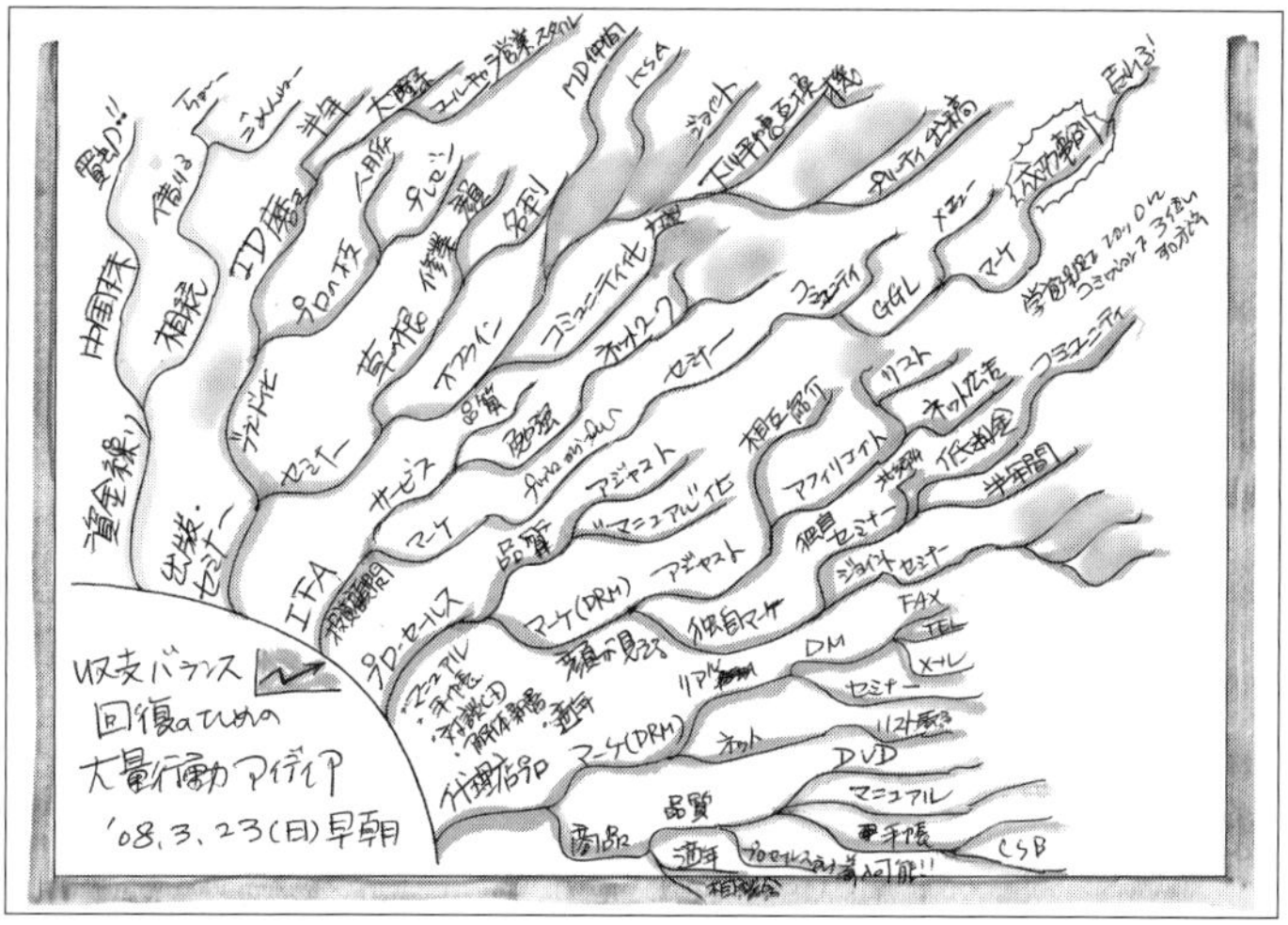

市販の手帳を活用した「人生右肩上がりマップ」の活用例

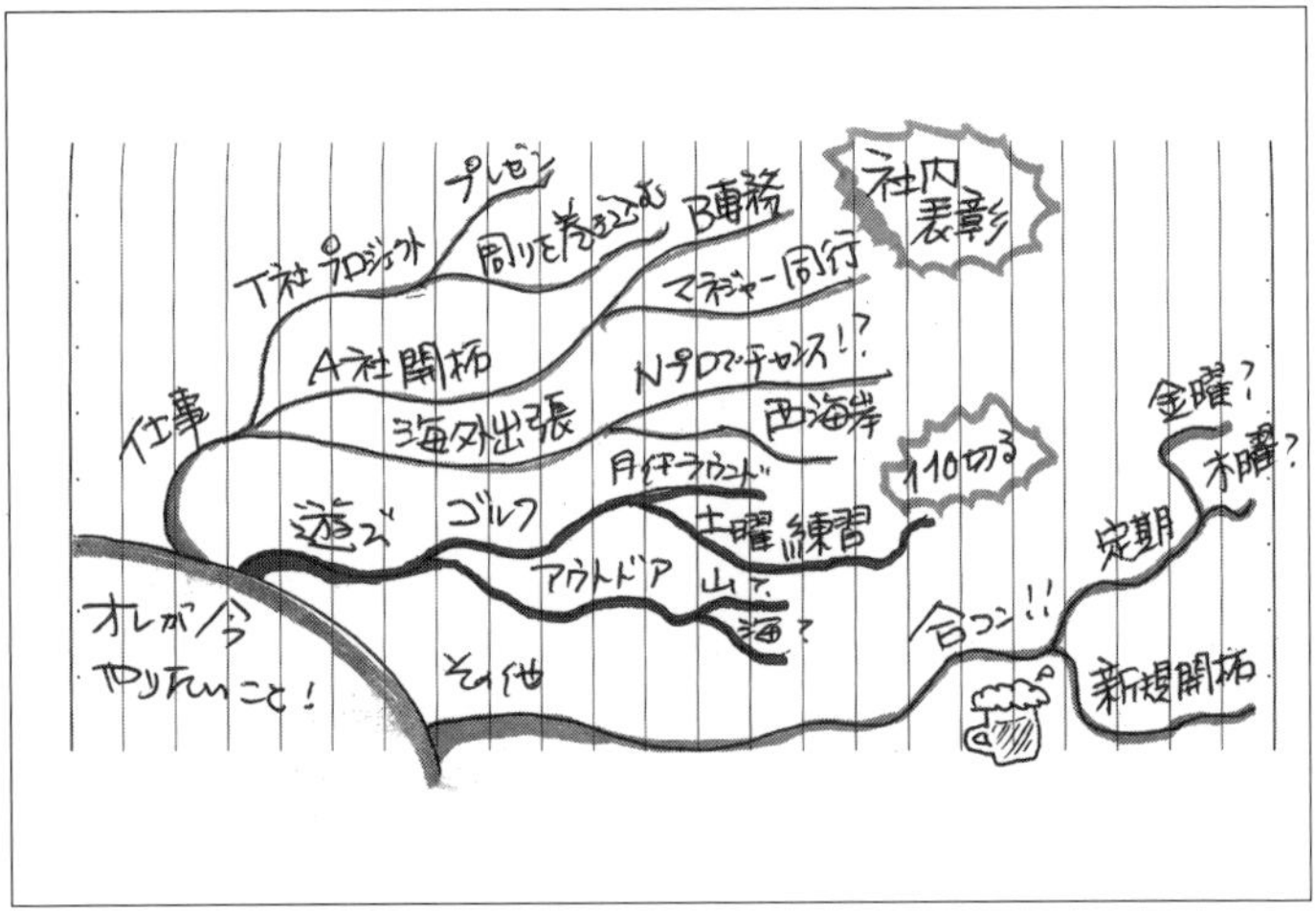

ステム手帳を使ってマインドマップを書きたいと思いました。

本書で登場するツールはすべてA5版のシステム手帳に収まります。そのため、マインドマップだけ別のノートを使いたくなかったのです。

本家のマインドマップは、中央にテーマを書き、放射状に広がっていきますが、「人生右肩上がりマップ」では、左下から右上に向かって展開していきます。右上に広がっていくので、**「人生右肩上がりマップ」**という名前をつけました。

週に1度、「ひとり作戦会議」で心の燃料を補給

私は週に1度、「自分自身を整理する日」を設けています。

忙しい毎日をすごしていると、知らず知らずのうちに頭の中は混乱してきます。たとえば、あなたは次のような状況に陥ってはいませんか？

「今日やるべき仕事がすべて終わらず、翌日に持ち越したいところだが、翌日にはもっと多くの仕事が待っている。

案件が思うように進まず、無駄な時間ばかりかかってしまう。

面談がまったくないので、テレアポを増やさなければならない。

それなのに緊急の会議が2つも入ってきてしまった。

プライベートでは、子どもが熱を出したが、妻はどうしても外せない用事があって外出するから、早く家に帰らなければならない」

こんな毎日だと、いつしか思考停止し、モチベーションは完璧に失われてしまうでしょう。心の燃料はポタポタと漏れ続け、燃料切れ寸前です。

こんなときこそ、**心の燃料補給**が必要です。仕事もプライベートも、あらゆることを一旦止め、落ち着いた状態でブレインダンプをします。
この時間を私は**「ひとり作戦会議」**と呼んでいます。

1枚目は、「不安」をテーマに書こう

「ひとり作戦会議」では、合計3枚の「人生右肩上がりマップ」を書きます。

まず不安や悩みについて、**「なぜ不安なのか?」「何に悩んでいるのか?」**というテーマで、「人生右肩上がりマップ」を書いていきます。左下に「不安」とテーマを書き、思いつくキーワードを右上に向かって広げていきます（↓次ページ）。

たとえば、

- 仕事
- 人間関係
- 健康

「人生右肩上がりマップ」――不安編

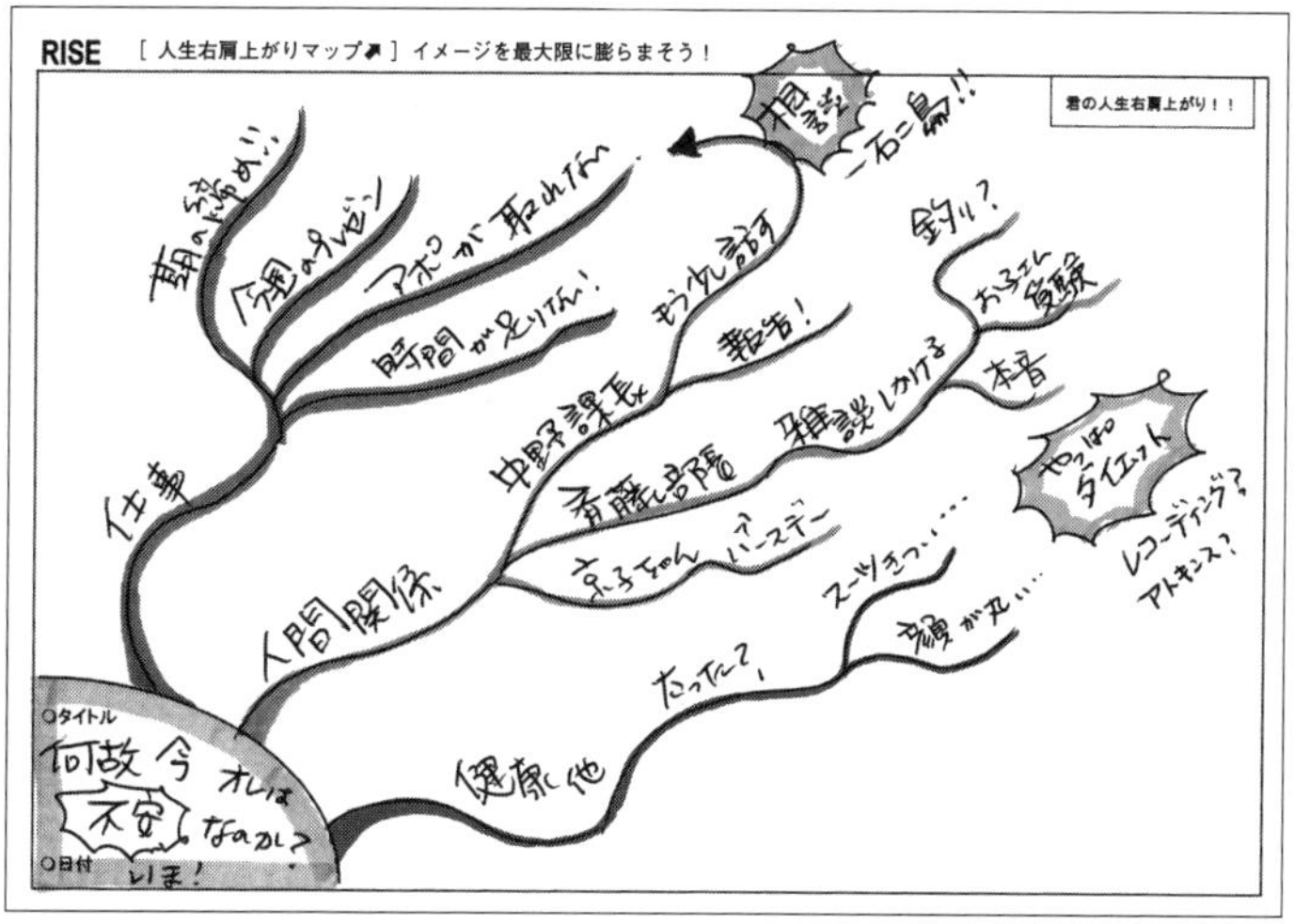

というキーワードが出てきたら、さらに細分化してキーワードを出し続けます。

細分化して、関連するキーワードをつないでいく作業をしばらく続けていると、「これだ！」と感じる言葉が出てきます。

それが自分を不安にさせている原因です。仮に、「紹介」という言葉だったとしましょう。仕事についての漠然とした悩みの正体は、「紹介がもらえない」ことだったのです。

2枚目は、「不安の解決方法」をテーマに書こう

不安の原因が明らかになったら、次は解決方法を探すために**「どうしたら上手に紹介をもらえるようになるか?」**という「人生右肩上がりマップ」を書いていきます。

まず左下にテーマを書き、思いつくキーワードを右上に向かって広げていきます。

1回目と同じ要領で自由に発想し、出てきた言葉を右上に向かって、どんどん細分化していきます。するとまた「これだ!」と感じる言葉に出合います。

こうした作業をすると状況が整理され、気持ちがすっきりします。

心の燃料が徐々に補給されていくのです。

見つかった問題解決のアイデアは、「1日10分・目標書くだけシート」に戻って反映させ、日々の活動で実行していきます。

まずは、頭で考えるよりも、落書き気分で実行してみてください。

社会保険労務士のKさんは、

「『人生右肩上がりマップ』は、深く考えず、感じたままに、とにかく書いてみることが大切」だと言っています。

「元々正解はないし、何度書き直してもいいので、色ペンを使って楽しく、気楽に取り組むといいでしょう。何回か書いているうちに、自分でもわかりやすいマップが書けるようになりました。後で見返すと、そのときの自分の思考が手に取るように思い出せますし、いまの自分と比べて成長を確認できるのも楽しいものです」

「いつ・どこで、「ひとり作戦会議」をするか?」

不安や悩みといった感情的な問題は、漠然と思い悩んでいても、効果的な解決策を見出すことができません。不安や悩みは定例の「ひとり作戦会議」で解決することをお薦めします。

まず「ひとり作戦会議」の時間を決めます。

私は、**土曜か日曜の朝、1人でファミレスへ出かけて1時間程度**の「ひとり作戦会議」を実施すると決めています。

平日は時間が取れませんし、自宅では集中して考えられないので、「週末の朝、ファミレスで」というスタイルに落ち着きました。

ファミレスはテーブルが広いので作業がしやすく、ドリンクバーを頼めば、好きな飲み物がおかわり自由です。個人的な感覚ですが、ある程度周囲に人がいてザワザワしていることが、逆に集中力を高めてくれます。

「ひとり作戦会議」は、あなたがやりやすい時間と場所を選んでください。週末でも金曜の夜でもいいので、**「いつ・どこで・ひとり作戦会議をするか」**が決まっていることが大切です。

保険代理店を経営するTさんは、週末のショッピングモールで「ひとり作戦会議」をやっています。

「私は自宅近くのショッピングモール内のスターバックスでやると決めています。週末に妻と一緒に買い物に出かけ、妻が買い物をしている間、1人だけの時間を1時間ほど作って行います。

スターバックスでじっくり考えていると、日々の自分は目先の仕事に忙殺されていることがよくわかります。日常業務に集中するあまり、セミナー企画を怠ってしまうなどのミスもありましたが、このノウハウを取り入れてから、そうした問題は減りました。週明けの頭の始動もよくなりました」

「考える時間」と「行動する時間」を完全分離しよう

ではなぜ、「ひとり作戦会議」をする時間と場所が決まっていることが大切なのでしょうか？

自分の部屋がひどく散らかっている状態をイメージしてください。

本が落ちていれば本棚にしまいますし、ジャケットが散乱していれば、ハンガーにかけてクローゼットにしまいます。

では、必要か不要か判断がつかない書類の束や、人からもらったおみやげなど、「捨てることはできないが、どこに片づければいいかわからないモノ」はどうしたらよいでしょうか？

こういうときは、大きな段ボール箱を1つ用意し、ひとまず放り込んでしまうのが1番です。そして、時間があるときにゆっくりダンボール箱の中身を整理します。

この段ボール箱の役割を果たすのが、「ひとり作戦会議」なのです。

私は仕事時間には、自分の不安や悩みには向き合いません。「何となく不安だ」「混乱してストレスが溜まる」などの感情は、「週末のひとり作戦会議で考えればいい」と**一旦心の片隅に押し込めて**おきます。

部屋に散らかったモノを吟味せず、ひとまずダンボール箱へ入れてしまうのと同じです。

日常の仕事時間にはやることがあります。

お客様に電話をして「16マス」を面談で埋めたり、メッセージ入りの名刺を置いてくることで「20ポイント」を稼いだりしています。

不安や悩みと向き合いながら仕事をしている人は、1時間のうち40分は立ち止まって考えていると言われます。これでは力強く行動できません。そんな状況に陥らないためにも、**考える時間と行動する時間を分けてしまう**のです。

考えるのは「ひとり作戦会議」の時間。普段はとにかく大量行動に集中する。

これを習慣にすると、精神的にラクになるばかりでなく、**「ひとり作戦会議」が待ち遠しく**なります。「早く1人になって、じっくり考えたい」という気持ちが芽生えます。

経営コンサルタントのTさんは、「人生右肩上がりマップ」を作成する効果を、次のように語っています。

「私の場合は、事業形態が多岐にわたり、整理されていないことがたくさんありました。そのため、やらなければならないことが抜け落ちたり、せっかくのアイデアを忘れてしまいました。

『ひとり作戦会議』をするようになって、脳の中も本棚のように整理しないと、ゴチャゴチャになっているということに気づきました。自分に対して**「1週間おつかれさまです」**という気持ちを持って書いていくと継続しやすいでしょう。

マップを作成していると、事業と事業の関連性が整理され、可能性が広がっていくのを感じます。私の仕事にはとても効果的です」

これはとてもすばらしいことです。

なぜなら、「混乱した状況を整理しよう」という前向きな感情が働き、素早く混乱から脱出できるからです。

いま思うと、どん底のときにファミレスでやったことも、ブレインダンプであり、「ひとり作戦会議」でした。

「ひとり作戦会議」で不安の原因を見つけ、解決策を見出したときは、雲が晴れたような気分になります。まさに心の燃料が満たされていく感覚です。

3枚目は、「いまやりたいこと」をテーマに書こう

しかし、これで「ひとり作戦会議」は終わりではありません。

晴れやかで、前向きな気持ちになったところで、「いま、やりたいこと」というテーマで3枚目の「人生右肩上がりマップ」を書きます。

左下に**「いまやりたいこと」**を書き、思いつくキーワードを右上に向かって広げていきます（↓次ページ）。

毎日「1日10分・目標書くだけシート」を書くときに、少しずつ考えてはいますが、じっくり時間をかけて自分の目標、将来ビジョンを考えることはとても大切です。

理想的な精神状態で「いまやりたいこと」というテーマの「人生右肩上がりマップ」を書くと、自分がホントに目指していること、到達したレベルなどがストレートに出てきま

「人生右肩上がりマップ」——いまやりたいこと編

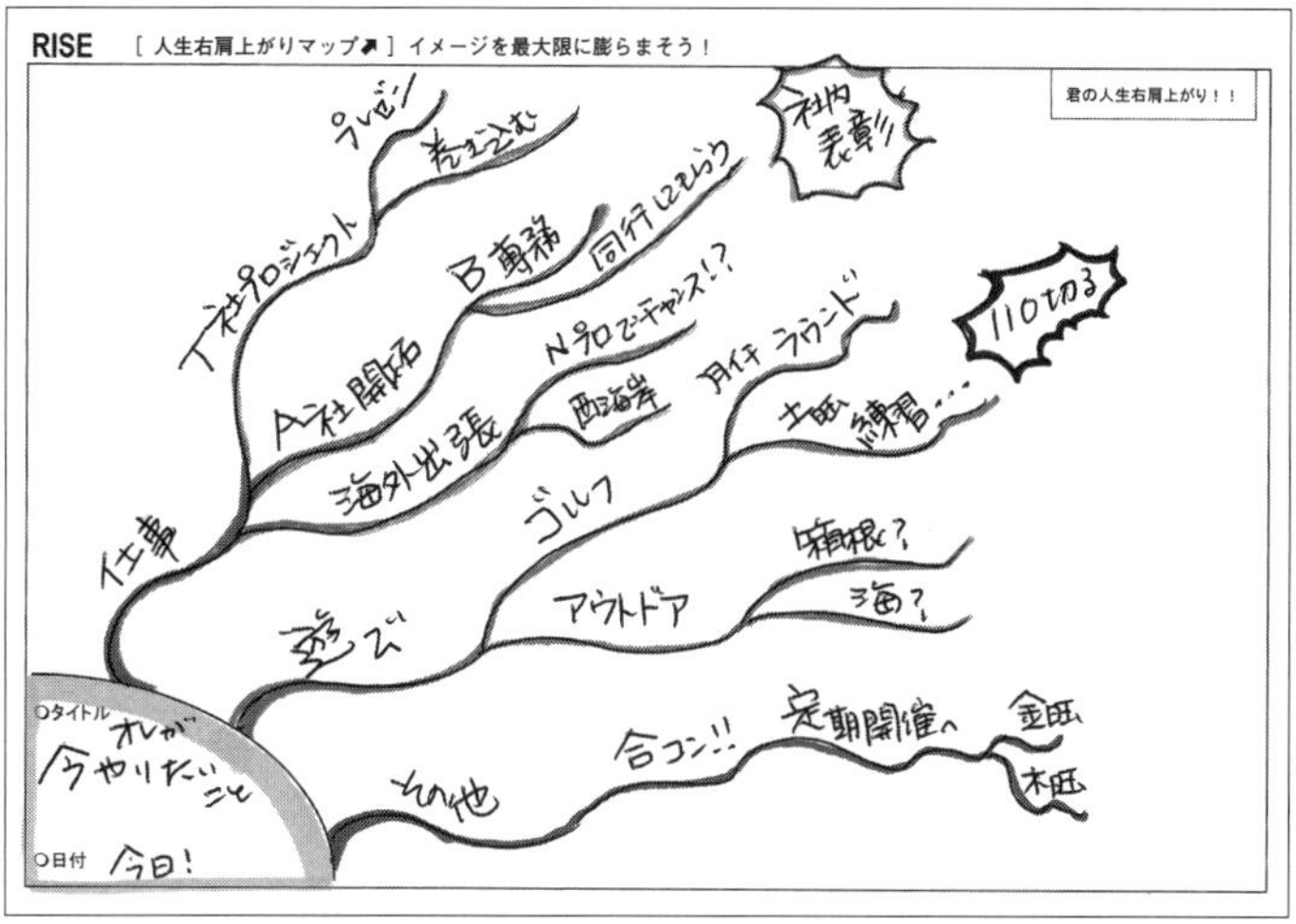

す。

向かうべき方向性が定まったら、それを再び「1日10分・目標書くだけシート」に反映させます（↓204〜205ページ）。

これを繰り返すことで、人生は自分が求める方向へと動き始めます。

営業マンとしての業績も必ずあがりますし、別の目標を持っている人はそこに近づくことができます。

週に1度の「ひとり作戦会議」で「人生右肩上がりマップ」を書いて、自分の思いや考えを吐き出すと、精神的にラクになりますし、翌週からの活動がレベルアップします。

自分1人の時間を確保して、「人生右肩上がりマップ」を書いてみてください。

**達成したら
好きな色でマーキングすると、
達成へのモチベーションがあがる**

AIM

［ 1日10分・目標書くだけシート ］ SMART※ に基づく目標設定、ターゲットを明確にしよう！

テーマを書き出す（最大 10 個）	「○」のテーマを進める
1番大事なところに「○」をつけよう！	そのために今日できることは？
○今年度社内表彰ゲット!! →	「A社開拓」
B専務と親しくなる。3ヶ月以内に。	前に進めるには…？
T社プロジェクト前に進める!!	B専務に接近
プロジェクト進行管理スキル向上	・ニーズを探り出す ・M課長に同行
西海岸へ海外出張！	・説明のチャンスを。
Nプロで存在感を！	K部長　忘れるな！
ゴルフ 110切る!!	・先日の件メールで返信
月イチラウンドする。	・礼状送ってみる
箱根キャンプ呼び掛け	・セミナー誘ってみる －メール－
合コン来週実現!!	・手紙
＜SMART※の法則＞ Specific 具体的　Measurable 計測可能 Agreed upon 同意している　Realistic 現実的　Timely 期日が明確	どんなにちっこいことでもいい、とにかく書いてみよう！

MEMO
今日を熱く送ろう！ 先延ばしは臆病者の言葉！ こちらから先手先手と仕掛けること!!

「人生右肩上がりマップ」を、「1日10分・目標書くだけシート」へ

TIME SCHEDULE

[1日10分・目標書くだけシート] THINGS TO DO の実践!消し込むことに全力をあげよう!

'08年5月29日(木)

時間	予定
早朝	
8	
9	↑(株)イイダ 打合せ
10	集中メール発信タイム
11	
12	
13	
14	↑国際コンサル
15	↑芝田エンタプライズ
16	◁オフィス戻る
17	◁退社トライ!
18	
19	↑ゴルフショップ寄る!
20	
21	
22	
23	
深夜	

着	済	テーマを進めるタスク
✓	✓	B専務にお礼メール発信
✓		〃 への質問を考える。 ← 前向きなやつ
✓	✓	M課長に同行の依頼。
✓	✓	〃 に上記相談してみよう!
		K部長に返信。
		礼状書く!
		〃 筆文字トライ→筆ペン購入!
✓	✓	K部長にお渡しするセミナー案内入手。
✓	✓	(株)イイダ 打合せ
✓	✓	国際コンサル 〃
✓	✓	芝田エンタプライズ 〃
✓	✓	〃 紹介入手をトライしてみる。

着	済	その他のタスク
		Q子ちゃんメール→合コン実現!
✓	✓	帰りにパター見てくる。

仕事はなるべく細分化して、着手しやすくしよう。着手すれば仕事はどんどん転がっていく!

心の燃料が満たされていくはずです。

私も、思いを吐き出す、吐き出させるというノウハウを使って、ピンチを脱したことがありました。

私は、**たった1年で全国トップクラスの営業集団を作った**ことがあります。

メンバーは元々仕事のできる人たちでしたが、仕事ができる人ほどクセのあるものです。また、悪いことに会社が大きくなっていく過程で報酬支払などの事務が追いつかず、メンバーから会社に対する信頼が一時期揺らいだことがありました。

そんなときに、毎週のミーティング時に、時間を取ってメンバー1人ひとりに、「この1週間に起こったよいこと、学びになったこと、感謝したことを書き出し、それに対してどんな気持ちだったか」をシェアしてもらいました。

現在の気持ちを正直に吐き出してもらい、それをみんなで共有したのです。

ベテラン営業マンが果たして参加してくれるかちょっぴり不安でしたが、思いの他みんな喜んで参加してくれましたし、それを楽しみにしてくれました。

これを重ねるごとに、少しずつではありますが、変化が起こりました。

本社スタッフを仲間として尊敬する雰囲気が少しずつ出てきて、それまであったギクシャクした空気もいつの間にかなくなりました。

その結果、１人の退職者も出さずに、**全国4位**の成績をチームで勝ち取ることもできました。

もちろん、メンバー１人ひとりが自分の仕事を高いレベルでこなした結果ではありますが、**自分の気持ちを言葉にして表現すること、そしてそれを共有すること**は、組織運営でも非常に大切で、ときとして大きな力を発揮することを学びました。

第4章のまとめ

心が弱ったときでもモチベーションが継続する！

「人生右肩上がりマップ」活用術

目的

- 心の燃料補給をするには頭の中で考えていることをすべて吐き出す「ブレインダンプ」が必要
- 「人生右肩上がりマップ」によって混乱状態を整理できる
- 不安の正体、解決のキーワードを見つける
- 人生の目標のキーワードを見つける

使い方のポイント

- 「ひとり作戦会議」の時間と場所を決める
- 通常の仕事時間には不安や悩みに向き合わず、「ひとり作戦会議」へ持ち越す
- 「人生右肩上がりマップ」は3枚書く
- 1枚目は、「不安」をテーマに書いて気持ちを整理
- 2枚目は、「不安の解決方法」をテーマに書く
- 3枚目は、前向きな気持ちで「いまやりたいこと」を書く
- 「ひとり作戦会議」の内容を「1日10分・目標書くだけシート」に書いて、日常的にフィードバックする

効果

- 気持ちが落ち着き、理想的な精神状態で翌週を迎えられる
- 具体的な解決策によって行動の質があがる

第5章

月収1万倍仕事術❺

ここぞ！　というときにスラスラ出てくる！「キラートーク大辞典」

大坪式「超効率的」勉強法

偉大な成功者には2つの共通点があります。

1つは誰もが熱心な勉強家であり、もう1つは学んだことを仕事に直結させる行動家であることです。

2つの資質を高いレベルで持っている人はかなりの確率で成功しますが、2つとも持っている人はなかなかいません。

経験豊かな営業マンは膨大な現場経験を積んでいます。ですからこれに勉強量が追いつけば、本来はすごいことになるはずです。

まずは、効果的な勉強法についてお話ししたいと思います。

元々私は、本を読むのが好きでしたが、読むのは小説が中心で、営業マンになるまでは、ビジネス書や自己啓発書を積極的に読むことはありませんでした。「ビジネス書や自己啓発書を読んだところで何も変わらない」と決めつけていたのです。

しかし、何の知識も経験もないまま保険業界に飛び込んだときには、勉強せざるを得ませんでした。フルコミッション営業ですから、勉強してスキルアップしなければ給料はゼロになってしまいます。実際、手取り月収が１６５５円になり、身にしみました。

そこで、私は2つのルールを決めて実行しました。

1つは、営業に関する本を１００冊読むことです（でも、実際やってみて読めたのは、20～30冊でした）。

営業の素人ですから、まずは営業の知識を蓄えなければなりません。知識やノウハウを学ぶうえで、読書は最も簡単で、すぐにでも始められる優れた勉強法です。

何かわからないことがあったら、とにかく関連書を大量に読む。これはいまでも続けている勉強法です。

たとえば、金融関係のことを知りたければ、関連書を10冊買ってきて読みます。数年前にフォトリーディングという速読法を学び、さらに効率的に本が読めるようになりました。いまでは年間読書量は、３００冊を超えています。

もう1つは、できるだけ人に会うということです。

保険営業では、目の前にいるすべての人がお客様になります。前の会社を辞めた途端に、その会社がマーケットになるという世界ですから、どんな人にでも会っていろいろな人や会社を紹介してもらうことが何よりも大切だと思ったのです。

機会があれば、セミナーにもどんどん参加してノウハウを学ぶのと同時に、たくさんの人と知り合おうとしました。

また、**小説を一切読まない**と決めたのもこの頃です。

小説が面白いことは知っていますが、時間がかかるうえに、ビジネスに直結しません。

これからはビジネス書や自己啓発書、専門書などを徹底的に読もうと決めました。

この2つのルールを継続した結果、私は10年間で2800冊の本を読み、300件以上のセミナーに参加しました。この10年間に自己投資した金額は、**1500万円**を超えました。

「ランチェスター戦略」にゾクゾクした瞬間

ただし、本を読んだり、セミナーに参加しただけでは業績は伸びません。

なぜなら、これらで得られる情報量には限界があり、不確定要素の多いビジネスでノウハウを完全に再現するのは難しいからです。

ですから、現場で試行錯誤して、情報の足りない部分を自分で補完しないと、完成したノウハウにはなりません。つまり、学んだことを実践し、結果に繋げないと学んだこと自体が無駄になってしまいます。

ここで投げ出すか、それとも継続するかで、成功するか否かが分かれます。

「学んだことは現場で活かさなければならない」――そう私に思わせてくれたのは、あるセミナーがきっかけでした。

それは中小企業経営者ばかりが集まったセミナーでした。

恥ずかしながら、私はそのときに初めて「ランチェスター戦略」を知り、「そんなやり方があるのか」と感心しました。自分の顧客を持たず、テリトリーがまったくないことに悩んでいた私にとって、問題の答えを提示されたようで、衝撃的でした。

ホントにゾクゾクしました。鳥肌が立ちました。現場で試したくて、いてもたってもいられなくなりました。

早速日々の営業で試したところ、時間はかかりましたが、確かな手応えがありました。これでいける！ と確信できたのです。

私はこのとき初めて、「学んだことを実践して、結果を出した！」と思ったのです。

その瞬間から、学び、行動することが途端に面白くなりました。

本を読み漁り、少しでも気に入ったところがあれば現場で試してみました。

ある程度継続しても効果がなければやめますが、次々と新しい本を読み、時間が許す限りセミナーにも参加しました。

自己投資をすることが業績に繋がるという感覚を早い段階で得られたのは、とてもラッキーでした。

「3000行のうち1行でも気に入ればOK」

正直言って、すばらしい本とそうでもない本という差はあります。

しかし、1つも得るものがない本というのはありません。

一般的なビジネス書は1冊につき約3000行ありますが、私はそのうち1行でも「なるほど」と思う箇所があれば、それでいいと思っています。その1行を書き残しておいて、自分のビジネスに役立てれば本の価値としては十分です。

そのたった1行が、驚くべき成果をあげることだってあります。

セミナーについても同様です。ハズレのセミナーも中にはありますが、どこか1つくらいは役に立つところがあります。

また、高価なセミナーに参加して価値がなかったとしても、話のネタとしてお客様に伝えることはできます。

実際、120万円も払って参加したのに、私にとってはあまり意味のないセミナーがありました。だからと言って、無駄だったとは思いません。こうして本のネタになっているのが、何よりの証拠です。

勉強するからには、肯定的に受け止めることが基本です。

自分の意見と合わないところばかり見て、「違うと思う」とすべてを否定する人がいますが、もったいないありません。

100個の項目のうち、すべてが気に入らなければダメではなく、**気に入った1個の学びにフォーカスする**という考えのほうが、結局は得です。

「キラートーク大辞典」に気に入ったフレーズを書く

何かを学ぶときには、アウトプットを前提にすることも大切です。

私が月収を1万倍にできたのも、たくさんの人から学び、それを自分なりにアレンジして、アウトプットしたからです。

ところが、ほとんどの人はアウトプットをしようとしません。話題になったビジネス書は必ず読んでいるのに、仕事に活かそうとしない人も結構います。

学んだことが現場で活かせない最大の理由は何だと思いますか？

それは忘れてしまうことです。

深く感銘を受けた本だとしても、1か月前に読んだ内容を覚えていられるでしょうか？

一読しただけでは、まず不可能でしょう。

そんなもったいないことにならないために、私は気に入ったフレーズや気づきを書きとめるための専用のシートを作っています。

それが、**ここぞ！　というときにスラスラ出てくる！「キラートーク大辞典」**です

（↓218〜219ページ）。

「タイトルと著者名、気に入った箇所を書きとめるだけ」

使い方は簡単です。

タイトルと著者名、気に入った箇所を書きとめておくだけです。別にビジネス書に限定しません。小説でも、エッセイでも、漫画でもかまいません。私は映画が好きなので、映画に出てきたセリフや感想を書くこともあります。

また、セミナー講師の発言や、セミナーでの気づきでもよいでしょう。

なぜ、その言葉が胸に響いたのかなど、説明まで書く必要はありません。

それでも後から見返してみると、自分のビジネスに大きな影響を与えたり、お客様へ発信するメールやメルマガの題材になることもあります。

これを始めるきっかけになったのは、本宮ひろ志著『サラリーマン金太郎』（集英社）というコミックでした。

「キラートーク大辞典」基本フォーマット

BOOK

[キラートーク大辞典] 100冊読んだ頃から変化が現れる！

No.	本のタイトル	著者	出版社	読始日／読了

シビレた言葉を書き出そう！

No.	本のタイトル	著者	出版社	読始日／読了

シビレた言葉を書き出そう！

No.	本のタイトル	著者	出版社	読始日／読了

シビレた言葉を書き出そう！

「キラートーク大辞典」の例（右記フォーマット以前のシートを活用）

キラートーク大辞典

本は裏切らない。100冊読んだ頃から変化が現れる！

NO.	本のタイトル	著者	着手日
16	イチロー物語	佐藤健	'08.1.3

シビレた言葉を抜き書け！

ぼくの夢は一流のプロ野球選手になることです。そのためには、中学、高校で全国大会へ出て、活躍しなければなりません。活躍できるようになるためには練習が必要です。ぼくはその練習にはじしんがあります。3歳〜7歳までは半年位やっていましたが、3年生の時から今までは、365日中、360日ははげしい練習をやっています（略）

No.	本のタイトル	著者	着手日
17	ホームレス中学生	田村裕	'08.1.4

僕の幸せ波止場は完全鎖国でした。それはとても残念なことです。が、それが現実でした。

No.	本のタイトル 映画	著者	着手日
18	トランスフォーマー（DVD）	マイケル・ベイ	'08.1.3

マイケル・ベイが、ネットの書き込みにすべて、たんねんに目を通していること。フツーは、落ち込むから、中傷に近いものは避けて通ろうとするのに、制作者の普通の姿勢。それで平気とやって、ウケるポイントを探り出そうとするタフさがスゴい！

市販の手帳を活用した「キラートーク大辞典」例

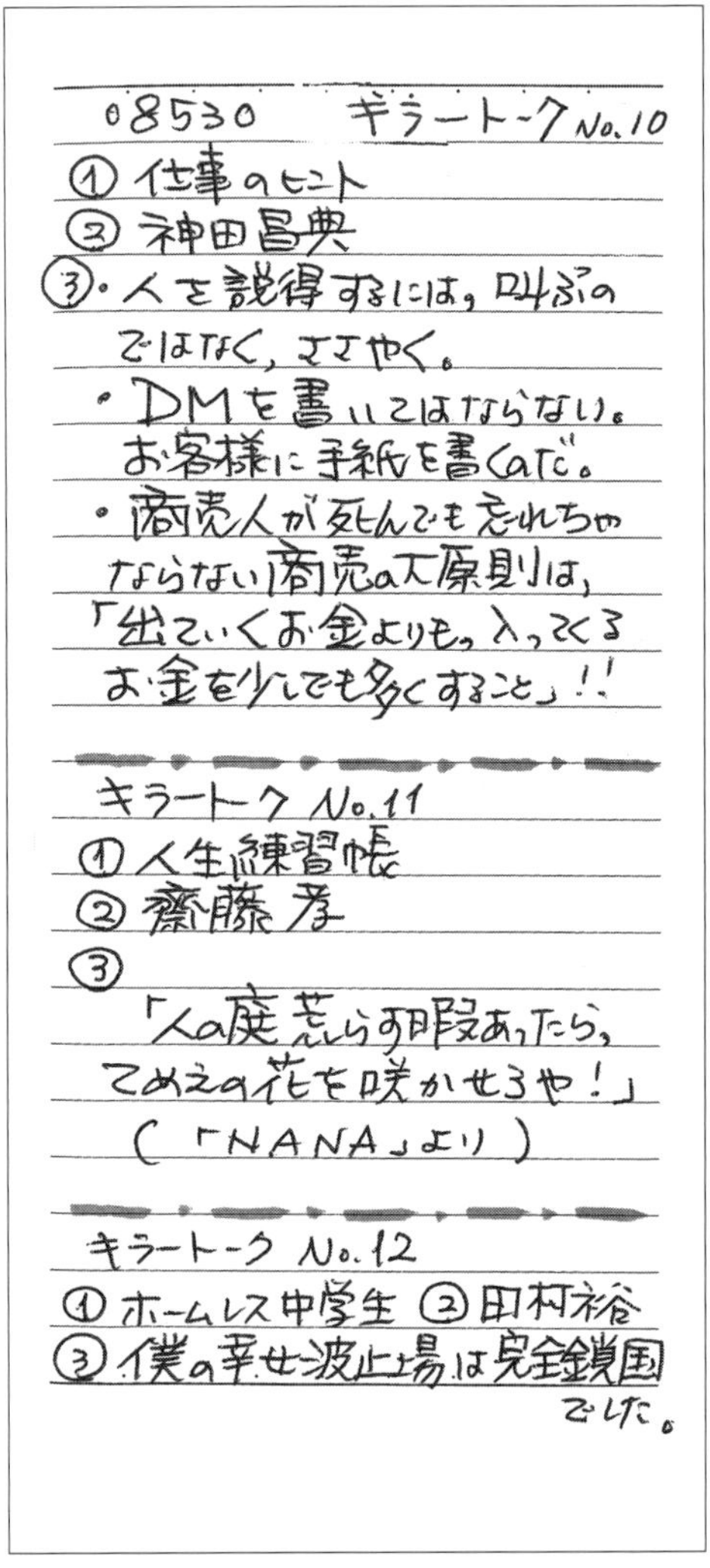
0853O　キラートーク No.10
① 仕事のヒント
② 神田昌典
③・人を説得するには、叫ぶのではなく、ささやく。
・DMを書いてはならない。お客様に手紙を書くんだ。
・商売人が死んでも忘れちゃならない商売の大原則は、「出ていくお金よりも、入ってくるお金を少しでも多くすること」!!

キラートーク No.11
① 人生練習帳
② 齋藤孝
③
「人の庭荒らす暇あったら、てめえの花を咲かせろや！」
（「NANA」より）

キラートーク No.12
① ホームレス中学生 ② 田村裕
③ 僕の幸せ波止場は完全鎖国でした。

その中に出てきたセリフをもとに、現場で使えるトークのヒントになったものが結構あったのです。それ以来、これは！　と思う箇所をメモするようになりました。

また、同じくコミックの三田紀房著『ドラゴン桜』（講談社）にも、セミナーで使えるフレーズがいっぱい出てきます。

最近は、研修講師やコンサルタントとしての仕事が大部分を占めるようになってきました。また、ウェブを使ったビジネスも増えつつあります。

その結果、文章を書く機会が増え、文章の小見出しやいいキャッチコピーを考えなければならないことがよくあります。その場合、私がまずアイデアの元帳としてめくるのが「キラートーク大辞典」なのです。

実際に、「キラートーク大辞典」を使っている**IT系企業の営業マンであるKさん**は、「学びの記録ツールとして役立っている」と言います。

「これまで本を読んでも覚えていられるのは一瞬だけでした。でも、『キラートーク大辞典』に書きとめる習慣がついてから、キラリと光るひと言が記憶にとどめられるようになりました。これは大きな成果だと思います。また、本のすべてを吸収するのではなく、必要なことだけを読み取ればいいと割り切ることができるようになりました。そのせいか、現場ですぐ使えるツールとして戦力になることが増えたような気がします」

同じく**証券会社営業のUさん**は、次のように語っています。

「本を読んでポイントを書きとめる習慣がついたことによって、人の話を聞くときのヒアリングの仕方も変わりました。これは営業にとって、非常に大きな収穫です」
せっかく学んだことが、そのまま忘れ去られてしまうようなもったいないことは、いますぐやめましょう。気になったフレーズを書きとめるだけで、記憶の定着率も、読後の満足度もアップします。

そして、「これはいい！」という知識、情報、メソッド、ノウハウに出合ったら、ぜひ現場で活かしてください。

「キラートーク大辞典」を作っている**外資系保険会社の営業マンであるTさん**は、

「セミナーで学んだことは、言われたとおりそのまま現場で活用しています。まずは言われたとおりに実行することで、精神的余裕も生まれ、問題も解決に向かっていきます」

と語ります。

少し慣れてきたら、教えを自分なりにカスタマイズしたり、使いやすいいくつかのノウハウを自分なりに組み合わせてみるとよいでしょう。

「5つの成功ツール」は読書2800冊、セミナー300回の結晶

私はこの本の中で、「5つの成功ツール」を紹介してきました。

これらを作りあげる際、本やセミナーから学んだことが大きなヒントになりました。ダン・S・ケネディ、トニー・ゴードン、ジーン・マーン、竹田陽一、フランク・ベドガーの各氏から教わったことは数知れません。その他にもたくさんの人たちのお世話になっています。

まさに、「5つの成功ツール」は読書2800冊、セミナー300回の結晶といえます。

たとえば、「16分割週間スケジュール帳」はトニー・ゴードンの教えがヒントになっています。私はこの人の話が大好きで、講演があると知れば海外にでも足を運びます。アメリカでも聞きましたし、アジア地区に彼が来るときは必ず聞きに行きます。ソウル、上海、バンコクなど、「トニーのいる場所に大坪あり」と言っても過言ではありません。

あるとき、トニー・ゴードンが書いた『保険の神様が教える最強営業メソッド』（アチーブメント出版）の原書を読みました。

そこにあった彼のスケジューリング術を学び、「自分なりに応用できるのではないか」と思うようになりました。その後、私なりのアレンジを加えて、オリジナルの「16分割週間スケジュール帳」を作りました。

本書で述べてきたことが、あなたの「キラートーク大辞典」に記録され、あなた自身がカスタマイズして、まったく新しいメソッドとしてあなたの成功に寄与できることを願っています。

本やセミナー、映画などで印象に残った言葉を記録しておくと、時間が経った後に大きな財産となることがあります。

また、「何か1つ『キラートーク大辞典』に書こう」と思っていると、学びが素直になり、自然な形でアウトプットを前提に考えられるようになるでしょう。

「キラートーク大辞典」から生まれた「『売上に効く』読書十選」

私は、「キラートーク大辞典」をまとめる中で、特に感銘を受けた本を「『売上に効く』読書十選」という小冊子にまとめて、お客様にプレゼントしています。「キラートーク大辞典」で集めた情報が営業ツールに進化したわけです。

そこに登場する本をいくつかここに紹介しておきます。

・柴田和子著『**柴田和子　正々堂々のセールス**』（東洋経済新報社）

これは私にマーケット作りのヒントをくれた1冊です。**「ゼロからのマーケット作り」**という表現が私の心を揺さぶりました。

・ナポレオン・ヒル著、田中孝顕訳『**思考は現実化する**』（きこ書房）

ビジネスマン必読の名著です。私はこの本から成功哲学を学びました。**「願望の設定こそすべての出発点である」**というフレーズには心から賛同できます。

・竹田陽一著『**ランチェスター弱者必勝の戦略**』（サンマーク出版）

本文にも登場し、私に多大なる影響を与えてくれた本です。**「シェア・ナンバーワンを目指す」**という思考は、いまでも私のマーケティングの中心にあります。

・本宮ひろし著『**サラリーマン金太郎**』シリーズ（集英社）

熱血サラリーマン金太郎が活躍する姿を見ていると、自分にもモチベーションが沸いてきます。気分の盛り上げ方は、営業マンにとって大事なノウハウの1つです。

- 野口悠紀雄著『**「超」整理法**』（中央公論新社）
　業務の生産性をあげてくれた1冊です。私は事務作業が苦手で、机の上はいつも散らかっていましたが、この本を読んでからは見違えるほどきれいになりました。ファイルの整理のみならず、頭の中もスッキリ整理されてしまいました。

- フランク・ベドガー著、土屋健訳、猪谷千春解説『**私はどうして販売外交に成功したか**』（ダイヤモンド社）
　「販売外交の神様」と呼ばれたベドガー氏の名著です。**「自分自身を整理する日を作る」**という教えを得て、「ひとり作戦会議」が誕生しました。

- 神田昌典著『**非常識な成功法則**』（フォレスト出版）
　大変大きな影響を受けました。「1日10分・目標書くだけシート」の着想はここから得ました。

•ダン・S・ケネディ著、枝廣淳子訳『**大金持ちをランチに誘え！**』（東洋経済新報社）

「行動の最大化こそが成功を生む」という真理を教えてくれた1冊です。このおかげで、私は「行動」にフォーカスして、営業活動をすることを覚えました。

日々の勉強をひと言ずつでも蓄積していくことで、大きな成果が生まれます。学びの記録ツールとして「キラートーク大辞典」を使い、あなたならではの辞典を育ててみてください。

数年後の自分に贈る大きな宝物となるはずです。

第5章のまとめ

ここぞ！というときにスラスラ出てくる！

「キラートーク大辞典」活用術

目的

●心に刺さる言葉を収集することによって、あなたのキラートーク力を磨く

●本やセミナーで学んだことを現場で活かす

使い方のポイント

●気になるフレーズを「キラートーク大辞典」に書きとめ、自分なりの辞典を作成する

●本でなくても、映画、雑誌の記事、広告など何でもOK！

●読書量＋書いた量＝感性。とにかく量をこなそう！

効果

●結果が出ると面白くなり、「学びと行動」が加速する

●100冊を超えたあたりから「頭がキレルね」と言われ始めることが多い

おわりに

そうか！ 自分だって
やろうと思えばできるんだ

「5つの成功ツール」はすべて同時に使おう

手取り月収が１６５５円から１８５０万円になったという体験を軸に、その過程でつかんだノウハウをまとめた「５つの成功ツール」を紹介してきました。

「５つの成功ツール」は、記入するだけで自然とたくさんの行動を生むことができます。

成功の唯一の秘訣は大量行動ですから、厳しい現状から脱するにも、好調を継続するにも、よい結果をもたらすでしょう。

現在苦しい状況にある営業マンから生産性がなかなかあがらないビジネスパーソンまで、いろいろな方に使っていただきたいと思っています。

ただし、大きな効果を得るには１つ条件があります。

それは、**5つをすべて同時に使う**ことです。

なぜなら「５つの成功ツール」は、歯車のように噛み合って、あなたを成功に導くからです。

「16分割週間スケジュール帳」は強力です。グイグイとあなたの商談を前に進めてくれます。

これを始めて数週間であなたはとんでもなく忙しくなります。もしも、その期の最後まで回し続けることができたら、**あなたの業績は過去最高を更新**するでしょう。

「1日20ポイント獲得シート」は、そのために必要な見込み客を補給してくれます。

見込み客ポートフォリオを大きく育てれば育てるほど、売上は大きく確実にあがっていきます。

「16分割週間スケジュール帳」と「1日20ポイント獲得シート」は、「5つの成功ツール」の中でも特に関連性の強い**2つのメインエンジン**です。あなたの仕事を強力に牽引してくれます。

「1日10分・目標書くだけシート」と「人生右肩上がりマップ」は、このエンジンを維持するための燃料をあなたに補給してくれます。

あなたの心をスッキリ整理し、不安を解消し、仕事に情熱を傾ける理由を常に明確に示してくれます。

これによって、行動をストップさせる要因を解消します。この2つのツールを記入する時間は、仕事の流れを一旦断ち切っても作り出すことが重要です。私はこれを「ひとり作戦会議」と名づけました。

「キラートーク大辞典」は、あなたの〝学びの図書館〟です。

直接的には、あなたの情報発信力やプレゼン力を向上させ、あなたの仕事をラクにしてくれます。また、長期的にはあなたのビジネスそのものを進化させる可能性もあります。数限りなく場数を踏んできたあなたの経験知に大量の勉強が追いつけば、あなたはとてつもない実力を発揮するに違いないからです。

月曜の朝が楽しくなる「逆サザエさん症候群」

私がセミナーの終わりに必ず言うセリフがあります。それは、

「もう1度大学を出て仕事に就くとしたら、私は迷わず営業マンを選びます」

というものです。

なぜなら、この仕事が私に実に多くのものを与えてくれたからです。

体がでかいくせにオドオドしていた私が、仕事に対する自信を得ることができました。

悔しくて眠れなかった夜と同じくらい、しびれるような快感を味わうこともできました。

人づき合いがあまり好きでなく、飲み会を1人抜け出し映画を見ていたような私が、自分の気持ちが通じる働く仲間を得ました。そしてそれ以上に自分を信頼してくれている多くのお客様を得ました。

経済的なことももちろんありますが、それはほんの一部です。

いつの間にか、起きている時間のほとんどを仕事について考えているほど仕事が好きになっていました。

そして気がついたら、自分が大きく成長していたのです。

仕事についてあれこれ考えるときに愛用してきたのが、これら「5つの成功ツール」です。

保険営業マンのときは、毎週日曜の夜に自宅の机の上にこれを広げて記入するのを楽しみにしていました。

きっちり書き込めば書き込むほど仕事の成果があがるというのがはっきりしていたからです。月曜になって仕事が再開されるのが楽しみでした。月曜の朝が待ち遠しいなんて、それまでの自分ならありえないことです。

大学時代の学生寮に憧れの先輩がいました。人間的に華があり、ずば抜けた行動力を持つ人で、学生の間でも一目置かれていた存在でした。

あるときその先輩は、アルバイトで資金を貯め、大学を1年休学して世界1周の放浪の旅に出かけたのです。いま、「世界1周旅行」と聞いてもさほど驚かないかもしれません。しかし、当時はまるで月か火星へ行くほどの偉業に感じました。

元々憧れを抱いていた先輩が、さらに遠い存在になったように感じました。

「うらやましいなあ」「すごいなあ」「僕もやってみたいなあ」

経済的に苦しい母子家庭の出身で、仕送りが少ないためアルバイトに追われていた私にとって、放浪の旅に出かける先輩は、自分とは違う何か特別な存在なのだと強く感じたものでした。

ところが、しばらく経ったとき、私のその考えは180度変わりました。

それは福岡市内を歩いていたときでした。何の目的で歩いていたかはまったく思い出せませんが、不思議とそのときの光景だけは、昨日のことのように覚えています。

唐突にこういう考えが頭に浮かんだのです。


「そうか！　自分だってやろうと思えばできるんだ」

先輩と自分とは違う、そんなことは自分にはとても無理なことだ、と決めてつけていたのは他の誰でもない自分だったのです。


そう気がついた途端、周りの景色が一変しました。

こう言うとオーバーに聞こえるかもしれません。しかし、目の前の光景が、白黒からカラーに入れ替わったように、「自分が希望にあふれた世界に突然飛び込んだ」感じだったのです。

面白いものです。自分自身は少しも変わっていない。ただ見方をほんの少し変えただけです。それだけで見えてくる世界はまったく違うことを生まれて初めて経験したのでした。

「できるわけがない」から「できるかもしれない」へ――そう前提を置き換えただけで、

物事は一気に前に進み始めました。

「やる!」と決めると気持ちはラクになる

「やらない」「できない」という前提を置いていると、脳のアンテナは「できない理由」「やらないほうがいい理由」ばかり探し出してきます。

一方、私は途中から「やる」「できる」という前提に置き替えたため、脳のアンテナは「できる可能性」について探し始めました。

そうすると、後は実現するために必要なことのリストを作り、それを1つひとつクリアしていけばいいだけでした。

その後、計画を立て情報を集め、資金を貯めて、2年半後には私自身が世界1周の放浪の旅に出発することができました。

このとき私が感じたのは、「やると決めてしまえばラクだ」ということです。

「やってみたい」とか「できたらいいな」という思いを抱いているうちは、何も実現しません。それでいて、心のどこかにストレスやプレッシャーを感じるものです。「ホントはやりたいのに、行動できない」というギャップに苦しむのです。

私は営業マンを対象としたセミナーを開催しています。受講者の方々と話をしていて、「うまい手段が見つかったら実行しよう」という意識の方が多いような気がします。

結論から言うと、その態度で成功するのは相当難しいと思います。

私のいままでの経験から考えると、成功に達するための最も効率的な方法は、

①目標が挑戦するに足るかどうかを検証する
②次に「やる」と決めて実行する
③大量に行動しつつ、試行錯誤しながらよりよい手段を探っていく

そのサイクルをなるべく早く回していくことに尽きるでしょう。

その結果、成功したらそれをありがたく味わえばいいですし、そうでなければ成功に向けてまたとない学びの機会を得られたと思えばいいのです。

「迷ったらやる」の原則

いままでの私の人生には「やらなければよかった」と後悔したこともあります。

それでも私は、「やればよかった」と後から感じる後悔よりも、やってしまった後悔のほうを選びます。

やろうかやるまいかと迷った場合、100点満点で40点取れそうだと思ったら、とにかくやってみる——私はこのシンプルなルールを守っていくことに決めています。

おかげさまでいっぱい恥もかきましたが、これからもにぎやかで楽しげな人生を送れそうな気もしています。

仕事面では、このルールを適用した大きな決断をいままでに2度しています。

1つは本書で取り上げたように、大企業の事務系サラリーマンから完全実力主義の営業の世界に飛び込んだときです。

そして2度目は、3年前に保険会社を飛び出したときです。

そのときには、保険代理店の全国ネットワークの立ち上げに参加しました。

そして、それがある程度軌道に乗った後は、キーストーンアライアンスという勉強会の仲間とともに、金融商品の新しい流通チャネルであるＩＦＡ（英米で主流になりつつある独立系金融サービス事業の新形態）という業態を日本に定着させるべく、金融業界に向けて様々な情報を発信しています。その一環として営業をテーマにしたセミナーや講演を開催しています。

金融サービスは今後の日本にとって非常に重要で、かつ有望な成長産業です。ここに多くの志の高い人材が入ってきて欲しいと心から願っています。

これは現在進行形のプロジェクトで、成功するかどうか予断を許しません。しかし私は楽観しています。

なぜなら、成功のためには何をしなければいけないかをこれまでの経験の中で知っているからです。

本書で紹介した「5つの成功ツール」は、それを埋めていくだけで、自然と大量行動を生み出してくれます。私のホームページ（http://www.s-samurai.com/）から無料でダウンロードできますので、気軽に遊びにきてください。

それを継続していれば、あるとき臨界点に達し、あなたに大きな成果をもたらします。それが私自身だけでなく、当社のスタッフやセミナーの参加者たちに起こったことをこの目で見てきました。

私はこれから何か新しいことを始めるときも、あまり不安を感じずに前に進むことができるでしょう。

あなたもトライしてみませんか？

成功はあなたが思っているよりもずっとそばに落ちています。

私がこの拙い本を出すことができたのは、営業の世界に飛び込んでから知り合ったすべてのみなさんのおかげです。

まずは何と言ってもこれまでご契約をいただいたお客様。みなさまがいらっしゃらなければ、私はこうして本を書くことはできませんでした。

ソニー生命新宿ＬＰＣ第12支社の三井支社長・大川所長をはじめ、支社の同僚・後輩の方々。そして、サポートしてくれた本社のみなさん。

多くの学びを与えてくれたＭＤＲＴの方々。ＭＤＲＴ日本会での大会委員長、国際委員長という仕事を通して経験したことは、人生の宝物になりました。

常に行動をともにしてきたキーストーンアライアンスとホロスプランニングの仲間たち。いずれも、実力主義という言葉から連想される、ドライで非情なイメージとはまったく逆に、温かくて励まし合い、教え合う気風を持ったすばらしい方々です。

そして本書で触れることを快く許してくださった業界の尊敬する先輩であるトニー・ゴードンとジーン・マーンの両氏。

愛ある鞭を常にあててくださった土井英司氏、ダイヤモンド社の寺田庸二氏、橋本淳司氏。お三方の導きがなければ、本書は到底日の目を見ることはできませんでした。

仕事の遅いボスを全力で支えてくれた2人の有能なスタッフ、大瀧正美さんと今野洋君。

そして最後に、常に前に進む勇気を与えてくれた妻と息子。

心からの感謝を捧げます。本当にありがとうございました。

2009年5月

大坪　勇二

［著者］

大坪 勇二（おおつぼ・ゆうじ）

1964年生まれ。学生時代にユーラシア大陸から南米を１年間にわたって放浪。新日鉄に９年間経理マンとして勤務するが、営業に憧れ同社をスピンアウト。営業経験ゼロ、顧客ゼロでソニー生命のフルコミッション営業に転身したものの、年を追うごとに売れなくなり、３年目には月額3000円の保険契約が月に１件しか売れない時期が２か月も続く。その結果、34歳時に手取り月収が1760円、最低時には1655円となり、自信とプライドが粉々となる。

その後成功者を訪ね、ノウハウを学びアレンジして実践した結果、170億円もの年金運用を任されるなど、数々のチャンスをつかみ、収入も急上昇。たった半年間で手取り月収が1000万円となり、最高時には1850万円を記録。手取り月収を１万倍にした経歴を持つ。

2006年、保険代理店全国ネットであるホロスプランニング創設に参画。オフィス長として個性的なトップセールスたちをまとめ、設立わずか１年で3000社中全国４位の営業集団を作る。

2008年、キーストーンフィナンシャル㈱を設立し代表に就任。IFAという金融サービスの新業態の実現を目指す一方、自身の経験をもとに「いくつかのルールを守るだけで凡人でも短期間でダントツの成果をあげる営業ノウハウ」をテーマに講演・セミナー活動中。

生命保険で世界のトップクラスの成績を毎年達成した者だけが加入するMDRT（Million Dollar Round Table）日本会で大会委員長・国際委員長を歴任。

「５つの成功ツール」からなる「月収１万倍仕事術」を明かす本書が初めての著書。

［大坪勇二ホームページ］（→「５つの成功ツール」はここから無料でダウンロード可能）
http://www.s-samurai.com/
［大坪勇二ブログ］
http://ameblo.jp/s-samurai-blog/

手取り1655円が1850万円になった営業マンが明かす月収1万倍仕事術

2009年６月18日　第１刷発行

著　者――大坪　勇二
発行所――ダイヤモンド社
〒150-8409　東京都渋谷区神宮前6-12-17
http://www.diamond.co.jp/
電話／03･5778･7232（編集）　03･5778･7240（販売）
装丁――――河南祐介（FANTAGRAPH）
編集協力――橋本淳司
撮影――――和田佳久
ＤＴＰ―――ダイヤモンド・グラフィック社
製作進行――ダイヤモンド・グラフィック社
印刷――――堀内印刷所（本文）・慶昌堂印刷（カバー）
製本――――宮本製本所
編集――――寺田庸二

ISBN 978-4-478-00929-1